MARAVILLOSOS EJERCICIOS DE CALISTENIA PARA CROSS TRAINING

UNA NUEVA FORMA DE POTENCIAR TU DESEMPEÑO EN CROSS TRAINING

Mariana Correa

Página Copyright

2016 MARAVILLOSOS EJERCICIOS DE CALISTENIA PARA CROSS TRAINING

ISBN 9781539078111

Todos los derechos reservados. Este libro o cualquier parte de este no puede ser reproducido o utilizado de ninguna forma sin el permiso expreso y por escrito del editor excepto en las citas de libros breves y comentarios sobre el libro.

Escanear, cargar, y distribuir este libro a través de internet o a través de cualquier otro medio, sin el permiso expreso del editor y del autor es ilegal y punible por ley.

Sólo debe comprar ediciones autorizadas de este libro. Por favor, consulte con su médico antes de entrenar y utilizar este libro.

Dedicatoria

A mi familia, todo lo que he logrado es solamente gracias a vosotros.

Sobre la autora

Mariana Correa es una nutricionista deportiva certificada y ex jugadora profesional de tenis. Mariana consiguió un récord personal de número 26 en el mundo en los juniors ganando a Anna Ivanovich (ex # 1 de la WTA en el mundo) y muchas otras 100 mejores jugadoras de la WTA.

Ella compitió con éxito en todo el mundo en más de 26 países y cientos de ciudades como Londres para Wimbledon, París en el French Open y Australia durante los campeonatos del mundo. También representó a Ecuador en la Fed Cup, donde el equipo llegó a la final de su grupo.

Durante su carrera, fue galardonada con el premio para juego justo muchas veces, demostrando ser no sólo una excelente jugadora, pero también un modelo a seguir para otros atletas.

Al ser ella misma una atleta, ella entiende lo que se necesita para ser la mejor en lo que amas. Combina su amor y conocimiento por el deporte y la nutrición en este libro para ofrecerle toda la información que necesita para tener éxito.

Descripción

MARAVILLOSOS EJERCICIOS DE CALISTENIA PARA CROSS TRAINING es la última moda en Crossfit y la mejor forma de entrenar. El entrenamiento en calistenia supone entrenar utilizando simplemente el propio peso corporal de uno.

Datando ya de la época griega, la calistenia ha ayudado a formar los cuerpos de los Dioses y Diosas Olímpicos. Antes de que las máquinas y pesas existiesen, los hombres eran de buen ver, estaban fuertes y cincelados y, para ello, utilizaban nada más que su propio peso como resistencia.

Últimamente, el entrenamiento calisténico es más popular que nunca. Un fenómeno recorriendo el mundo, ayudándote a alcanzar tus resultados siempre soñados.

Con 100 ejercicios de Cross Training personalizados e intensos para potenciar tu rendimiento y llevarte al límite, este libro te ayudará a alcanzar tus metas y ser el Crossfit más en forma de todos.

Una dieta adecuada es esencial para tener éxito por lo que se incluyen 50 recetas paleo diseñadas para complementar tus rutinas.

El Crossfit es un deporte revolucionario donde retas a tu cuerpo de todas las maneras posibles. Ya sea que estés pensando en participar en los próximos Juegos Crossfit o simplemente quieres mejorar tus rutinas de Crossfit, este libro hará que de verdad tu cuerpo se vuelva más fuerte, saludable, más en forma y rápido, llevándolo al siguiente nivel.

Tabla de contenidos

Agradecimientos

Sobre la Autora

Descripción

Introducción: Calistenia

Capítulo 1: ¿Qué es Crossfit

Capítulo 2: Conceptos básicos de Crossfit

Capítulo 3: Cross Training Calisthenics

Capítulo 4: Mantente Motivado

Capítulo 5: Recetas Paleo

Introducción

Calistenia

"No uso las máquinas para hacer ejercicio… Yo soy una máquina" Desconocido

El entrenamiento de calistenia, también conocido como entrenamiento basado en el peso corporal, consiste en una serie de ejercicios que no suponen la utilización de pesos añadidos. Datando ya de la Antigua Grecia, la calistenia ha ayudado a dar forma a los cuerpos de los dioses y diosas Olímpicos. Antes de las pesas y las máquinas, los humanos se hacían fuertes y cincelados usando simplemente el peso de su propio cuerpo como resistencia.

Últimamente, el entrenamiento de calistenia se está haciendo más popular que nunca. Es un fenómeno que está barriendo todo el mundo y muchos indican como razón el hecho de que constituye la posibilidad de entrenar en cualquier lugar y en cualquier momento obteniendo los resultados siempre soñados. Otros dicen que es una moda, la de volver a nuestras raíces o al ADN cableado, donde las flexiones, las dominadas y las sentadillas son la base estándar.

Sinceramente, creo que ambas opiniones son correctas y también creo que hay algo más allá de eso. La calistenia desafía a todo tu cuerpo y no solo trabaja una pequeña parte del mismo de cada vez. Al permitir que tu cuerpo trabaje en sincronía, te ayuda a volverte más fuerte, a estar más en forma y a tener mejor definición.

Seamos realistas, todos queremos alcanzar nuestros resultados deseados, pero cualquiera que entrene quiere ver también resultados estéticos. He descubierto que la calistenia produce un físico único e increíble.

El cuerpo calisténico se define como abdominales, postura erguida, estructura muscular gruesa y definida, equilibrada en todo el cuerpo y sin grasa corporal innecesaria. Un verdadero cuerpo de dios griego, las historias de Hércules y Adonis se basaban en esos cuerpos.

La calistenia hace un buen trabajo produciendo buenos resultados en varios músculos a la vez. Hacer algo tan difícil como dominadas a un brazo por ejemplo, no será hecho solamente por ese brazo, si no que tendrás que usar la fuerza y tensión de todo tu cuerpo para lograrlo.

Los principios del entrenamiento basado en el peso corporal desarrollan un equilibrio ideal entre masa muscular y grasa corporal, debido a que la fuerza requerida para llevar a cabo movimientos avanzados basados en el peso corporal tiene demandas muy específicas.

Capítulo 1

¿QUÉ ES EL CROSSFIT?

"El CrossFit es una forma de vida. Comes bien, entrenas duro, te esfuerzas. Te enseña mucho sobre ti mismo." Ben Smith

En términos simples CrossFit es un programa de entrenamiento para todo el cuerpo que mejora tu fuerza y condición física a través de entrenamientos variados y estimulantes. Cada día el entrenamiento pondrá a prueba una parte distinta de tu cuerpo y tu mente, con el objetivo de construir un cuerpo capaz de conseguir cualquier cosa.

En palabras exactas de los creadores de CrossFit, Greg Glassman y Lauren Jenai:

"CrossFit es el principal programa de fuerza y acondicionamiento de muchas academias de policía y equipos de operaciones tácticas, unidades militares de operaciones especiales, campeones de artes marciales, y cientos de otros atletas profesionales y de élite de todo el mundo.

Nuestro programa ofrece una preparación física que es, por diseño, amplia, general, e inclusiva. Nuestra especialidad es no especializarse. El combate, la supervivencia, muchos deportes, y la vida, premian este tipo de preparación física y, en general, castigan al especialista. El CrossFit sostiene que una persona está tan en forma como competente sea en cada una de diez habilidades físicas generales: capacidad cardiovascular / respiratoria, resistencia, fuerza, flexibilidad, potencia, velocidad, agilidad, equilibrio, coordinación y precisión".

Así que, ¿te harán los entrenamientos de CrossFit más rápido, más fuerte, más en forma y más saludable? Sí, esa es la meta.

Cómo vas a lograrlo depende de ti y de cuanto estés dispuesto a esforzarte. El CrossFit está diseñado de manera que cualquiera pueda entrenar simplemente ajustando el ejercicio. Puedes usar más o menos peso o repeticiones para mantener una buena forma, y aún estar siendo desafiado.

El CrossFit ayuda en tu desarrollo físico, mental, social y educativo.

Físicamente

El CrossFit es un deporte del que todos pueden disfrutar, independientemente de la edad, tamaño o sexo. Con practicar CrossFit sólo 3 veces por semana, el riesgo de enfermedad cardíaca disminuye significativamente. Con la alarmante tasa de obesidad, el CrossFit te ayudará a mantenerte en forma. ¿Sabías que la ciencia demuestra que haciendo ejercicio podrías ser más feliz?

Muchos de nosotros somos conscientes de lo que le sucede al cuerpo cuando hacemos ejercicio. Construimos más músculo o más resistencia. Pero hay algo más que eso. Si comienzas a hacer ejercicio, tu cerebro lo reconoce como un momento de estrés y estimula la liberación de endorfinas, esas sustancias químicas para sentirse bien que promueven la felicidad. ¡Ejercicio = felicidad!

Un yo feliz es un yo saludable. Ambos, el ejercicio y la felicidad promueven un aumento de la producción de **anticuerpos**, que son un tipo único de proteína producida por el sistema inmunológico.

Los individuos que son felices son más resistentes a las enfermedades, desde la gripe común a la enfermedad cardíaca. Mientras que los individuos que no hacen ejercicio tienen niveles elevados de estrés y de presión arterial que tienden a hacer a las personas más vulnerables a la enfermedad, incluyendo la diabetes y los accidentes cerebrovasculares. La investigación ha demostrado que la felicidad promueve los anticuerpos tanto como un 50 por ciento en el cuerpo. Con estas cifras no es sorprendente que el ejercicio sea tan importante.

Otros beneficios físicos incluyen:

- Ayuda a construir músculos y huesos fuertes.

- Disminuye los niveles de presión arterial y de colesterol, reduciendo el riesgo de accidentes cerebrovasculares y enfermedades del corazón.

- Tener un cuerpo más delgado porque el ejercicio ayuda a controlar la grasa corporal.

- Disminuye el riesgo de desarrollar diabetes.

- Ayuda a prevenir ciertos tipos de cáncer como el de colon, cáncer de mama y otros.

Otro beneficio importante sería que los atletas que se ejercitan duermen mejor por la noche. Cuando haces ejercicio tu cerebro recibe por la noche el mensaje de que estás cansado, proporcionando un mejor descanso nocturno.

Ahora que entendemos la importancia física de hacer ejercicio, comprendamos el valor psicológico de la misma.

Mentalmente

CrossFit nos enseña lecciones para la vida. Nos enseña cómo desarrollar una fuerte ética de trabajo, hacer frente a la adversidad y ser disciplinado. Aprenderás acerca de la deportividad, la aceptación de la responsabilidad y de cometer errores. Los estudios también han demostrado que el deporte mejora la comunicación y el trabajo en equipo.

El CrossFit desarrolla la autoestima y la confianza. Aprendes a superar situaciones difíciles y simplemente disfrutar de una gran visión soleada de la vida. Además de esto desarrollas habilidades sociales como el liderazgo y el espíritu deportivo.

Otros beneficios psicológicos que el CrossFit puede proporcionar son:

- Capacidad para resolver problemas y pensar estratégicamente

- Disminución de los niveles de ansiedad y depresión

- Mejorar tu capacidad de atención

- Aprender a definir las metas y determinar que es necesario para alcanzarlas

- Perseguir la grandeza estableciendo referencias elevadas

- Aprender a hacer frente a la frustración y beneficiarse del desafío

- Perseverar a pesar de la pérdida, reorientarse y trabajar duro

- Ampliar los valores morales

Esta fortaleza mental adquirida te acompañará durante toda tu vida, haciéndote tener éxito en muchos aspectos.

Capítulo 2

FUNDAMENTOS CrossFit

"La rutina es el enemigo. Mantén los entrenamientos cortos e intensos. Regularmente aprende más..."
Greg Glassman - Fundador del CrossFit

El CrossFit ha demostrado con el tiempo que ya no es una moda. El CrossFit es muy duro y ha hecho un impacto innegable en el mundo del fitness. A partir de paneles blancos de pared a pared, pizarras blancas llenas de nombres, horarios, metas, entrenamientos, y más. Pero la mayor parte podría parecer incomprensible, simplemente jerga y acrónimos. Antes de que siquiera pises un gimnasio CrossFit necesitas entender algo de la jerga básica.

El BOX: Podría parecer un gimnasio desnudo para la mayoría, pero para los CrossFitters es un sueño hecho realidad. Las "Cajas" tienen todo el equipamiento necesario para el EDD (Entrenamiento Del día), desde mancuernas de bola y barras hasta cuerdas, sin ninguna máquina de correr, ni los adornos extra de un gimnasio común.

Afiliados: Se trata de un equipo de CrossFit que está asociado oficialmente con la marca CrossFit. Se le ha dado el visto bueno de la Jefatura del CrossFit. Para venir y afiliarse, el gimnasio debe tener entrenadores CrossFit certificados en el equipo.

Pood: Es una unidad rusa de medida utilizada para mancuernas de bola. 1 pood = 16kg / 35 lbs.

RP: Récord Personal, escucharás RR cuando un atleta alcance su récord personal en un ejercicio.

Entrenamientos

EDD: Es un acrónimo para Entrenamiento Del Día, se trata del entrenamiento que los CrossFitters ejecutan en un día dado. Cada día está programado un entrenamiento diferente y fijado a diferentes niveles de dificultad.

EDD de Héroe: Estos entrenamientos llevan el nombre de un policía, militar o de bomberos que han muerto en acto de servicio. Estos entrenamientos son generalmente EDD difíciles para proporcionar un desafío extra y un recordatorio de su sacrificio.

TRCP: TANTAS REPETICIONES COMO PUEDAS

A menudo durante 10, 20 o 30 minutos, los entrenamientos TRCP desafían a los atletas a completar tantas rondas de una serie como sea posible en un período de tiempo específico.

Por Tiempo: Comparándose con el resto del mundo CrossFit evaluando el tiempo que se tarda en terminar un entrenamiento específico. Aunque no todos los entrenamientos de CrossFit tienen un componente cronometrado, el procedimiento es famoso por forzar a los atletas a competir entre ellos y contra el reloj.

Por Peso: Pon a prueba tus límites al terminar tu entrenamiento con una cantidad determinada de repeticiones con tu peso más elevado.

Combo / Híbrido: Una combinación de "por tiempo y por peso". Una combinación muy dura con el peso más pesado que puedes mover y con

el mejor tiempo también. Definitivamente va a empujar los límites.

Puntuación: La puntuación simboliza el número total de repeticiones completadas durante un entrenamiento dado.

Prescrito: Del mismo modo que tomarías un medicamento de la forma que se te ha "recetado", seguirás el EDD tal como te lo ha prescrito el Box.

A Escala: Cuando tu EDD exige usar cierto peso que no se adapta a ti, ya sea por aumento o disminución, puedes usarlo "a escala" para mantener la técnica correcta al mientras que aún te desafías a ti mismo.

CrossFit Total: CFT permite a un atleta hacerse una buena idea de lo fuerte que es poniéndose a prueba a sí mismo en tres modalidades funcionales: sentadilla, prensa estricta, y peso muerto. CFT es el mejor de tres intentos de cada uno de estos tres ejercicios, y la suma del peso máximo movido en cada movimiento te dará tu puntuación.

Tabata: es un método de ejercicio-descanso asociado con muchos EDD. Un ejemplo: Durante 20 segundos, haz tantas repeticiones de un ejercicio dado (sentadillas, flexiones, etc.) como sea posible.

Luego descansa durante 10 segundos y repite esto siete veces más hasta un total de ocho series. Después de que pasen estos 4 minutos, tu puntuación es el número de repeticiones más bajo de cualquiera de las ocho series.

AconMet: Abreviatura de "acondicionamiento metabólico", diseñado para entrenar la resistencia, la capacidad cardiovascular, y la forma general. A diferencia los EDD - que también pueden incluir entrenamientos de fuerza pura o basados en habilidades – los AconMet generalmente incluyen algún componente cronometrado realizada a alta intensidad.

El equipamiento

Kettlebell (Mancuerna de asa): un peso de mano que se parece a una bala de cañón con un asa.

Paralettes: Barras paralelas portátiles, ideales para aquellos que buscan un reto añadido por ejemplo en las flexiones suspendidas sobre las manos.

Remo C2 : Una de las pocas máquinas que encontrarás en un Box de CrossFit, una máquina de remo para CrossFit.

Anillas: a los CrossFitters les encanta usar las anillas de gimnasia para múltiples ejercicios. Los utilizan para fondos, remos, elevaciones y mucho más.

Discos Engomados: Cuando los CrossFitter levantan grandes pesos les encanta dejarlos caer, por suerte estos discos engomados para barra suavizan la caída.

Etiqueta CrossFit

Estos son algunos consejos para cualquier CrossFitter que asista a un Box de CrossFit:

- Preséntese - especialmente si ves a alguien nuevo, intenta que se sientan bienvenidos.

- Recógelo todo cuando acabes - no hay nada peor que alguien que deja todo fuera de sitio y sucio. Deja las cosas como te gustaría encontrarlas.

- Celébralo con tus CrossFitters – el CrossFit no es fácil, y algunos EDD son más duros que otros, anima a sus compañeros

CrossFitters para luchar y lograr sus objetivos.

- Respete a su entrenador - Trata a tu entrenador con el respeto que merece.

Recuerde que está tratando de ayudarle y forzarte hasta el límite.

Capítulo 3

Cross Training Calisthenics

Flexiones

Las flexiones son un componente básico en cualquier rutina de calistenia. Trabajarás tu tríceps, tus deltoides, tus músculos pectorales y el tronco como un todo. Para realizarlo correctamente, mantén tu cuerpo en línea recta, de la cabeza a los pies, con los codos cerca de tu cuerpo y baja el cuerpo hasta el suelo doblando los brazos. Después levanta el cuerpo poniendo rectos los brazos. Una versión alternativa de las flexiones si no puedes hacer las normales es hacerlas apoyándote en tus rodillas hasta conseguir la fuerza suficiente para hacer las normales.

Fondos en paralelas

Los fondos en paralelas ejercitan sobre todo tu parte superior del cuerpo, especialmente los tríceps, hombros, espalda y pecho. Es un buen ejercicio para la parte superior del cuerpo, que puedes hacer de dos formas: la normal, fondos en paralelas o su variación fondos con barra perpendicular. Las segundas son mejores para tus tríceps y las primeras para tus hombros.

En las primeras, correspondientes a la imagen de arriba, tus manos están a tus lados, con los pulgares apuntando hacia delante. Tus pies no deben tocar el suelo. Baja tu cuerpo hasta el punto donde tus antebrazos y hombros crean un ángulo de 90 grados y finalmente, levántate de nuevo. Para realizar esos fondos en paralelas correctamente, atrae tu *core* e intenta mantener tu cuerpo tan quieto como sea posible mientras te estés moviendo hacia arriba y hacia abajo.

Fondos Perpendiculares

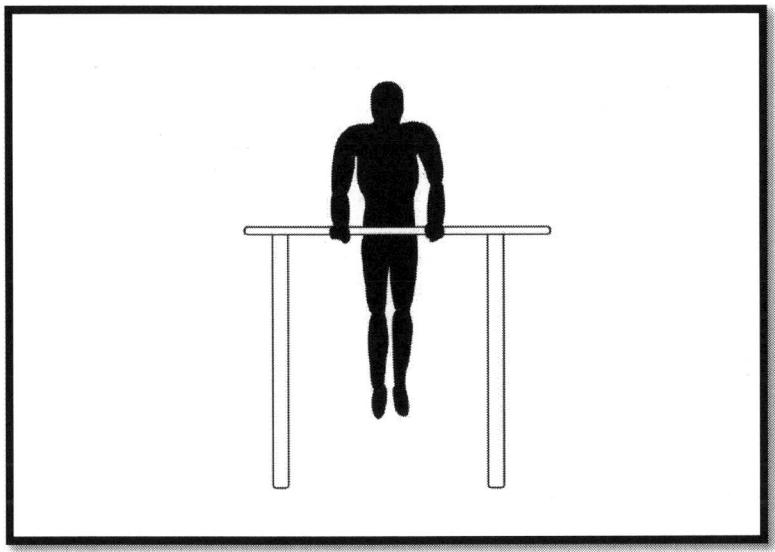

En los fondos con barra perpendicular tus manos deben estar frente a ti, en línea con tus hombros, tus nudillos deben estar mirando al frente. Empieza cogiendo la barra, manteniendo tus manos rectas. Tus pies no deben tocar el suelo. Mantén tus pies juntos al ancho de los hombros y baja tu cuerpo hasta el punto en el que tus hombros y antebrazos crean un ángulo de 90°. Después, levanta tu cuerpo hacia arriba. Para realizar esta variación de los fondos en paralelas correctamente, atrae tu *core* hacia ti e intenta mantener el cuerpo tan quieto como te sea posible mientras te estés moviendo hacia arriba y hacia abajo.

Abdominales

Los abdominales son el ejercicio calisténico más simple para entrenar los músculos abdominales. Es una buena manera de reforzar tu *core* o núcleo. Para realizarlo correctamente, échate sobre tu espalda, mantén tus rodillas un poco dobladas, los talones apoyados totalmente en el suelo y las manos detrás de tu cabeza. Después, lleva la parte superior de tu cuerpo hasta tus rodillas y en cuanto la parte superior de tu cuerpo esté en un ángulo de 45º desde el suelo, baja el cuerpo a su posición inicial.

Abdominales isométricos

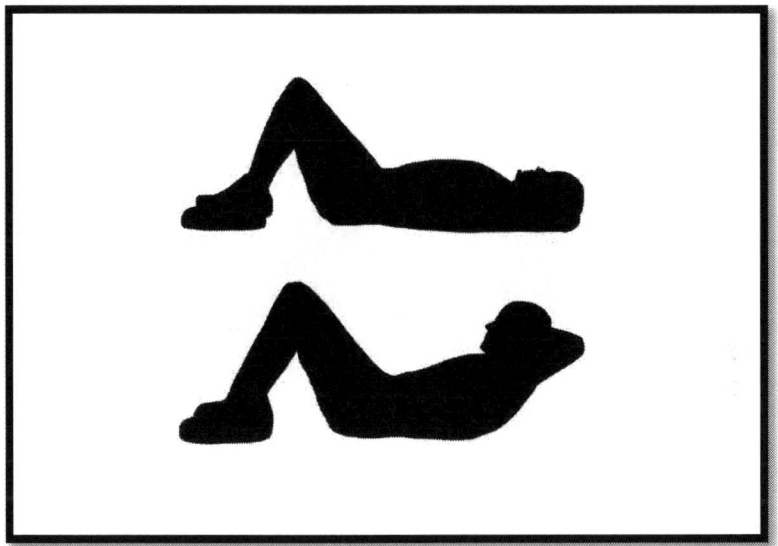

Los abdominales isométricos ejercitan tus músculos abdominales. Son casi como los abdominales pero en este caso, el rango de movimiento es mucho menor y puedes impulsar las manos hacia tus rodillas para conseguir más tensión en los músculos. Para realizarlo correctamente, dobla un poco tus rodillas, mantén tus talones totalmente en el suelo y lleva las manos hacia las rodillas hasta que sientas la tensión. Baja la parte superior del cuerpo y repite.

Toques de tacón

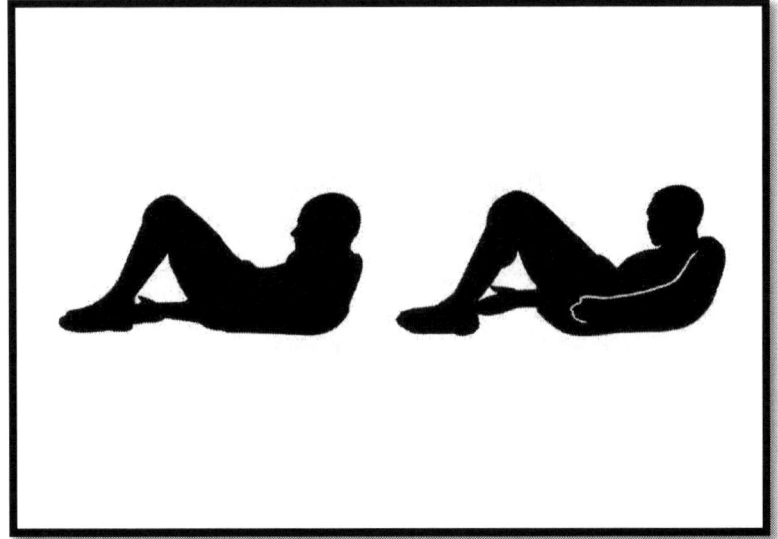

Los toques de tacón son un buen ejercicio para ejercitar tus músculos abdominales oblicuos. Empieza apoyándote sobre tu espalda. Para realizarlo correctamente dobla un poco tus rodillas, lleva tu mano a tu tacón hasta que sientas la tensión y luego vuelve a la posición inicial. Recuerda levantar tu *core* del suelo y no solo el cuello. Trabaja ambos lados alternándolos durante las repeticiones.

Levantamientos de rodilla

Los levantamientos de rodilla se centran en tus músculos abdominales inferiores. Son similares a los abdominales isométricos pero en este caso la parte superior de tu cuerpo se mantendrá quieta mientras tus rodillas se mueven. En los levantamientos de rodilla mantén tus caderas en el suelo, las piernas en el aire, las manos a los lados de tu pelvis y la parte superior del cuerpo y las piernas a 45° desde el suelo. Después trae tus rodillas tan cerca del pecho como puedas y una vez sientas la tensión, tráelas de vuelta y repite.

Abdominales isométricos inversos

Los abdominales isométricos inversos son una buena manera de que los novatos empiecen su entrenamiento abdominal. Comienza acostándote sobre el suelo en posición recta. Mantén tu torso y manos en el suelo, con las piernas juntas y levanta tus rodillas sobre el suelo hacia tus abdominales tanto como puedas. Puedes mantener tus manos detrás de tu espalda o, entonces, puedes mantener tus manos hacia delante en posición paralela al cuerpo. Después doblarás tus rodillas hasta que tus piernas alcancen un ángulo de 90º, cerciórate de que tu peso está en tus talones, no en tus dedos. Pon tus piernas bien rectas bajándolas al suelo hasta llegar a tu posición inicial.

Zancadas

Las zancadas ejercitan tus isquiotibiales, glúteos y cuádriceps. En las zancadas das un paso hacia adelante con una pierna y después vuelves hacia atrás y alternas pierna. Para realizarlo correctamente, mantén tu espalda recta, con el pie frontal en ángulo de 90 grados y el pie anterior tan lejos como sea posible del primer pie.

Puente con levantamiento de talones

El puente con levantamiento de talones es una manera sencilla y efectiva de ejercitar tus pantorrillas y glúteos. También son un buen ejercicio para conseguir fuerza hasta lograr hacer el levantamiento de talones normal. Empieza acostándote en el suelo, con las rodillas dobladas. Levanta tus talones y caderas del suelo, usando tus pies. Baja tus talones y repite.

Levantamiento de talones

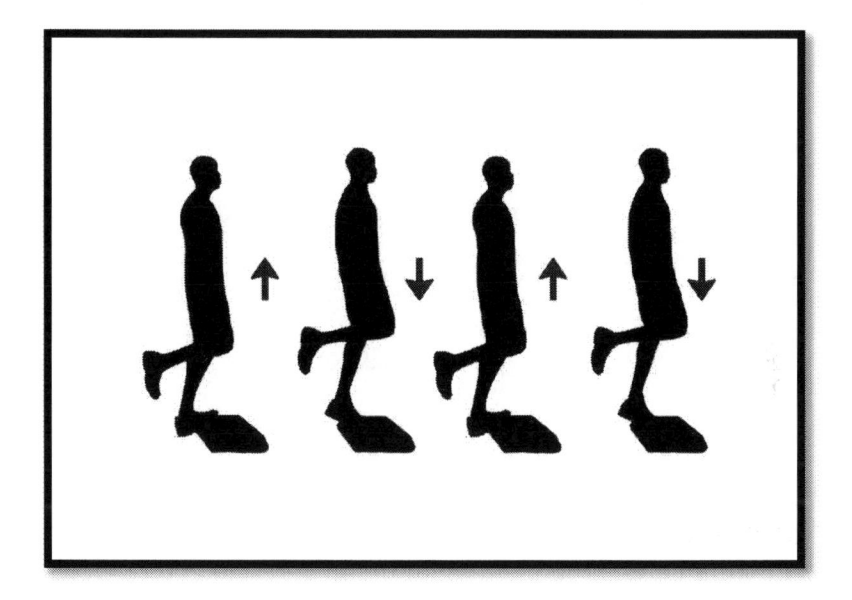

Los levantamientos de talones entrenan la parte inferior de las piernas, especialmente las pantorrillas. En el levantamiento de talones estarás de pie sobre el suelo, con un pie levantado y otro apoyado en el suelo. Después levantaras el talón de tu pie sobre el suelo de modo que te apoyes casi solamente en tus dedos. Luego bajas el talón y alternas piernas.

Plancha abdominal

La plancha abdominal es un buen ejercicio para reforzar tu *core* y es muy fácil de hacer. Mantén tus hombros en línea recta con tus codos, los antebrazos en paralelo al suelo y la espalda y piernas rectas. Aguanta la posición tanto como puedas.

Abdominales isométricos con tocamiento de pie

Los abdominales isométricos con tocamiento de pie son un ejercicio simple para principiantes si quieren entrenar sus músculos abdominales. Empieza tumbándote en el suelo en línea recta. Mantén tus pies y manos juntas y acércalos unos contra otros. Baja tus pies y manos una vez sientas la tensión y repite.

Plancha abdominal lateral

La plancha abdominal lateral es un buen ejercicio para entrenar tus abdominales oblicuos y hombros. Empieza tumbándote de lado sobre el suelo. Pon tu otro brazo detrás de tu cabeza, mantén tus pies juntos sobre el suelo y levanta tu parte superior del cuerpo usando tu mano sobre el suelo. Aguanta la posición tanto como puedas y alterna lados.

Sentadillas en la pared

Las sentadillas en la pared es un buen ejercicio para la parte superior de tus piernas. Es también uno de los ejercicios más sencillos en calistenia. Pon tu pelvis contra una pared, mantén tu espalda recta y tus piernas en ángulo recto. Aguanta la posición tanto como puedas.

Flexiones australianas

Las flexiones australianas son una buena manera de conseguir la fuerza suficiente para hacer las dominadas normales. Refuerzan tus trapecios, los dorsales, y los músculos de tus antebrazos. Empieza cogiendo la barra, acuéstate cara arriba bajo la barra, mantén tus talones en el suelo, el cuerpo en línea recta de la cabeza a los talones. Después, sube tu torso, bájalo y repite.

Dominadas

Las dominadas trabajan tus dorsales, bíceps y antebrazos. En las dominadas, las palmas de las manos miran hacia delante cuando te agarras a la barra. Después, sube tu cuerpo hasta que tu barbilla esté sobre la barra. Para realizarlo correctamente, mantén tus piernas tan cerca la una de la otra como te sea posible y evita patear con ellas cada vez que te levantas.

Flexiones en barra horizontal

Las flexiones en barra horizontal se centran en entrenar tus bíceps y dorsales. Se realizan casi igual que las dominadas, excepto que en este caso las palmas de tus manos te miran a ti cuando agarras la barra. Después levantas tu cuerpo hasta el punto en el que tu barbilla supera a la barra. Para realizarlo correctamente, mantén tus piernas tan cerca la una de la otra como te sea posible y evita patear con ellas cada vez que te levantas.

Burpees

Los *Burpees* son ejercicios aeróbicos y una muy buena parte del cardio. No se centran en ningún músculo, pero son buenos para quemar grasa. Para realizarlos, agáchate manteniendo tus manos en el suelo. Después lanza tus piernas hacia atrás como si fueras a hacer flexiones. Después vuelve a la posición de agacharte, levanta tus brazos y salta hacia arriba. Recuerda, un *burpee* es un ejercicio aeróbico, así que debes hacerlos rápidamente, para que tu ritmo cardíaco se mantenga alto.

Elevaciones de rodilla

Las elevaciones de rodilla son un buen ejercicio aeróbico, no crean musculatura pero son buenas para quemar grasa. Para realizarlas, levanta tu pie hacia arriba en ángulo recto y luego ve alternando piernas. Debería parecer que corres en el mismo sitio, excepto porque tus rodillas estarán a la altura de tu pelvis cuando suban. Realízalo por al menos 30 segundos para que tu ritmo cardíaco se mantenga alto.

Saltos de tijera

Los saltos de tijera son buenos para quemar grasa, especialmente en principiantes. Empieza estando de pie, recto, con los brazos a los lados de tu pelvis. Salta ligeramente y abre tus piernas. Levanta tus brazos hacia arriba, salta y vuelve a la posición inicial. Levanta tus brazos lateralmente en el aire, salta y vuelve a la posición inicial. Realízalo por al menos 30 segundos para que tu ritmo cardíaco suba.

Ejercicio del escalador

El ejercicio del escalador es un ejercicio aeróbico. Es bueno para quemar grasa, pero también sirve para ejercitar tus abdominales. Empieza poniéndote en posición de flexión, el cuerpo en línea recta de la cabeza a los pies. Mantén tus manos en el sitio y levanta tu pie derecho del suelo, trayendo tu rodilla lo más cerca que puedas del pecho. Después devuélvela a su posición inicial y repite lo mismo con tu pie izquierdo. El ejercicio del escalador es un ejercicio aeróbico, intenta hacerlo lo más rápido que puedas para que tu ritmo cardíaco se mantenga alto.

Extensiones de espalda baja

Las extensiones de espalda baja entrenan los músculos de tu espalda, especialmente los músculos erectores de la columna. En las extensiones de espalda baja, empiezas acostándote en el suelo. Después levantas el torso y las piernas en el aire y paras en el punto en el que piernas y torso se alinean. Aguanta la posición por un momento y después vuelve a la posición inicial. Evita levantar las piernas por encima de tu torso, porque esto puede dañarte la columna.

Dominadas de agarre estrecho

Las dominadas de agarre estrecho son una buena forma de entrenar tus bíceps, dorsales y antebrazos. Empieza poniendo tus manos lo más cercanas posibles en la barra y levántate, después baja. Mantén tus piernas juntas y Evita patear con ellas cuando te levantes.

Dominadas de agarre ancho

Las dominadas de agarre ancho son un ejercicio excelente para entrenar dorsales, pero también ejercitan tus bíceps y hombros. Empieza poniendo tus manos lo más lejanas posibles la una de la otra en la barra, siendo todavía capaz de levantarte. Mantén tus piernas juntas y levanta tu cuerpo y luego baja.

Fondos en paralelas hacia atrás

Los fondos en paralelas hacia atrás se realizan en un banco. Ejercitan sobre todo tu tríceps y pecho. Empieza poniendo un banco detrás de ti, agarrando el banco, con las manos en vertical y detrás de tu torso. Mantén tus talones abajo, sobre el suelo y baja tu cuerpo hasta el punto en el que tus brazos estén en ángulo recto y luego levántate.

Flexiones inclinadas

Las flexiones inclinadas se realizan normalmente en un banco. Son interesantes para los principiantes que quieran entrenar tríceps y pecho. Empieza poniendo tus manos en el banco, manteniendo tus pies en el suelo. Mantén tu cuerpo en línea recta de la cabeza a los pies. Baja tu cuerpo hacia el banco, dejando caer la mayor parte del peso de tu cuerpo en tus manos y vuelve a levantarte.

Fondos en paralelas negativos

Los fondos en paralelas negativos se realizan normalmente en barras paralelas. Son buenos para principiantes que quieran entrenar tríceps, pecho y hombros. Empieza agarrando las barras paralelas, manteniendo tus brazos rectos, salta y centra todo el peso de tu cuerpo en tus manos. Baja tu cuerpo tan lentamente como puedas, usando la gravedad como resistencia. Una vez tus hombros y brazos estén en ángulo recto, levanta el cuerpo y repite.

Flexiones negativas

Las flexiones negativas se centran especialmente en tu pecho, pero también ejercitan tu tríceps y hombros. Crean mucha tensión en tu pecho. Empieza poniéndote en posición de flexión, piernas rectas, cuerpo en línea recta de la cabeza a los pies. Comienza a bajar el cuerpo hacia el suelo tan lentamente como puedas sin tocar el suelo, usando la gravedad como resistencia. Vuelve a la posición inicial y repite.

Elevaciones de piernas acostado

Las elevaciones de piernas acostado son la variación más sencilla de los levantamientos de pierna y son perfectas para los principiantes que quieran entrenar abdominales. Empieza acostándote en el suelo, manos a tus lados, palmas hacia abajo. Levanta tu pie derecho hacia tu parte superior del cuerpo, hasta que esté en posición vertical. Baja tu pie derecho y alterna piernas.

Abdominales isométricos con piernas en vertical

Los abdominales isométricos con piernas en vertical se centran en tus músculos abdominales. Requieren un poco de fuerza en la pierna. Empieza acostándote en el suelo, brazos rectos a tus lados. Levanta tus pies en vertical y trae tu torso hacia tus rodillas y las manos en sus respectivos lados hacia tus pies. Baja tu torso y trae tus manos a su posición inicial, manteniendo tus pies todo el tiempo en vertical. Repite.

Plancha abdominal inversa con codos

La plancha abdominal inversa con codos es un buen ejercicio para entrenar tu espalda media y baja, pero también se centra en tus glúteos. Empieza acostándote sobre la espalda en el suelo. Mantén tus pies juntos sobre el suelo, pon tus codos debajo de tus hombros y mantén tus antebrazos en paralelo con el suelo. Levanta la espalda y mantén todo tu cuerpo en línea recta. Aguanta la posición tanto como puedas.

Giros rusos

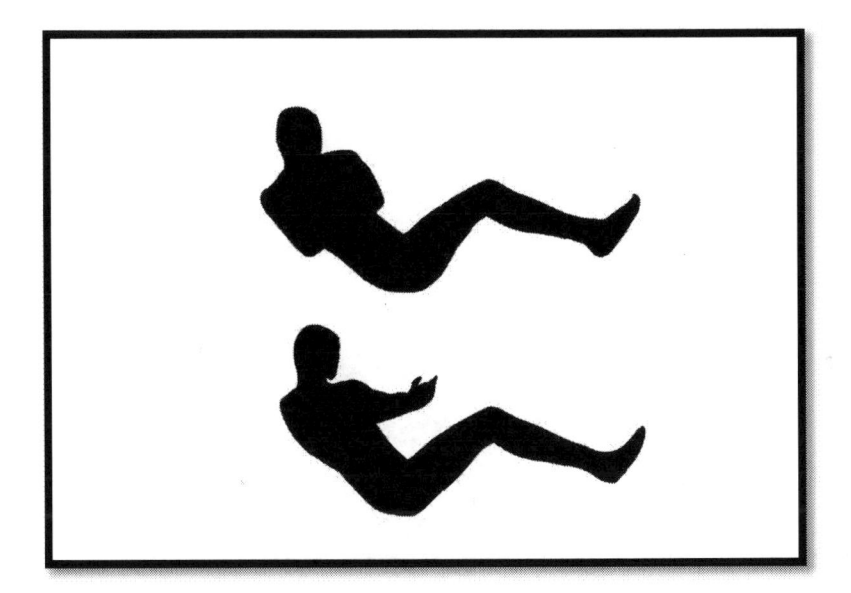

Los giros rusos crean mucha tensión en tus músculos abdominales. Empieza sentándote en el suelo manteniendo tus rodillas juntas y dobladas, elevadas ligeramente sobre el suelo. Mantén tu parte superior del cuerpo con un ángulo de 45º desde el suelo y tuerce tus brazos de un lado a otro. Haz tantas repeticiones como puedas.

Curls de bicicleta

Los *curls* de bicicleta se centran en tus músculos abdominales. Empieza acostándote sobre tu espalda en el suelo. Pon tus manos por detrás de la cabeza, con los codos mirando a los lados y trae tu rodilla izquierda hacia tu codo derecho. Tócalo con la rodilla. Trae tu pierna izquierda a la posición inicial y repite. Alterna piernas durante las repeticiones.

Flexiones en barra horizontal negativas

Las flexiones en barra horizontal negativas generan mucha tensión en tus bíceps y dorsales. Empieza agarrando la barra, con las palmas mirando hacia ti. Levántate y baja el cuerpo tan lentamente como te sea posible, usando la gravedad como resistencia. Levántate y repite.

Flexiones de tríceps

Las flexiones de tríceps se centran en tu tríceps y pecho. Empieza poniéndote en la posición inicial de una flexión normal, piernas rectas y cuerpo en línea recta. Mantén tus brazos cerca de tu pecho y baja tu cuerpo. Levanta el cuerpo y repite.

Saltos de caja

Los saltos de caja están bien para para quemar grasa, pero también ejercitan tus piernas como un todo. Empieza buscando un objeto plano, más o menos de la altura de tus rodillas. Salta sobre el objeto usando ambas piernas y vuelve a saltar al suelo. Repite.

Flexiones hacia arriba

Las flexiones hacia arriba son una buena manera de entrenar tus bíceps, dorsales, *core* y hombros. Es también una buena forma de progresar hacia las dominadas isométricas en L. Empieza colgándote de la barra y trae tus rodillas hacia arriba, de manera que estén paralelas al suelo. Levanta tu cuerpo, y asegúrate de que tu barbilla está por encima de la barra. Baja tu cuerpo y repite.

Extensiones de pierna boca abajo

Las extensiones de pierna boca abajo se centran en tus glúteos. Empieza acostándote sobre tu estómago en el suelo. Mantén tu cuerpo en línea recta y levanta tu pierna derecha ligeramente por encima del suelo. Aguanta la posición por unos momentos y bájala. Alterna piernas durante las repeticiones.

Zancadas laterales

Las zancadas laterales se centran en tus glúteos, en los isquiotibiales y cuádriceps. Empieza estando de pie recto sobre el suelo. Da un paso con tu pie derecho hacia el lado, baja tu cuerpo hacia ese lado y deja la mayor parte de tu peso sobre tu pie derecho. Aguanta la posición por unos momentos, vuelve a la posición inicial y alterna piernas.

Flexiones de tigre

Las flexiones de tigre son un buen ejercicio para tu pecho. Empieza con la posición inicial de una flexión básica y pon tus codos sobre el suelo. Luego vuelve a la posición inicial. Sin embargo, no dejes caer el peso de tu cuerpo sobre tus codos, mantén la tensión. Recuerda también mantener tu espalda recta.

Flexiones diamante

Las flexiones diamante son ejercicios excelentes para tu tríceps, pero también se centran en tus pectorales y hombros. En las flexiones diamante, mantén tus manos casi juntas, baja tu cuerpo y después súbelo. Recuerda mantener tu espalda recta.

Flexiones declinadas

Las flexiones declinadas se realizan normalmente con un banco, pero pueden realizarse con cualquier objeto donde puedas colocar tus pies, sin embargo, el objeto donde pongas los pies debe ser más alto que la parte superior de tu cuerpo. Las flexiones declinadas son buenas para principiantes o atletas intermedios que quieran entrenar el pecho, pero también entrenan tu tríceps. Empieza con la posición inicial de una simple flexión, pero pon tus pies en el banco, mantén tu espalda recta y pon tus manos en el suelo. Tus pies y manos deben soportar todo el peso de tu cuerpo. Baja tu cuerpo y después levántalo de nuevo.

Flexiones con palmas

Las flexiones con palmas requieren velocidad, coordinación y fuerza. Empieza con la posición inicial de una flexión básica, mantén tu espalda recta y baja tu cuerpo. Después levanta el torso y da una palmada con tus manos y rápidamente lleva tus manos de nuevo al suelo y repite.

Flexiones anchas

Las flexiones anchas son buenas para entrenar tu pecho, pero también para entrenar tu tríceps. Empieza con la posición inicial de una flexión básica, pies abajo, cuerpo recto de la cabeza a los pies. Pon tus brazos más alejados que la anchura existente entre tus hombros, baja tu cuerpo y levántalo.

Flexiones en v

Las flexiones en V son una buena forma de conseguir la fuerza necesaria para hacer el pino. Se centran en tus hombros, pecho y tríceps. Empieza levantando tus caderas, manteniendo tus piernas y manos rectas, de modo que estarás en pico, en posición "V". Mantén tus piernas rectas y baja tu torso hasta el punto en el que tu cabeza casi toca el suelo y levántate con tus manos. Repite.

Pino sobre pared

El pino requiere mucho equilibrio. Es un buen ejercicio que se centra en tus dorsales, hombros, *core* y músculos abdominales oblicuos. Empieza poniendo las manos cerca de la pared, tus dedos apuntando hacia la misma. Después levanta tus piernas sobre tu torso y aguanta la posición tanto como puedas. Mantén tu cuerpo en línea recta para evitar lesiones en la columna dorsal.

Isométrico en L

El isométrico en L es una buena manera de reforzar tu *core*. Se centra en tu *core*, que incluye los músculos abdominales. Puedes hacerlo en barras paralelas o en el suelo. Empieza sentándote con la pelvis sobre el suelo y pon tus manos a los lados de tu pelvis. Después levanta tu pelvis y pies, manteniendo tus piernas tan rectas como sea posible. Todo el peso de tu cuerpo debería concentrarse en tus manos. Aguanta la posición tanto como puedas.

Elevaciones de rodillas colgadas

Las elevaciones de rodillas colgadas son una manera efectiva de entrenar tus músculos abdominales y progresar hacia las elevaciones de piernas colgadas. Empieza colgándote de la barra. Mantén tu cuerpo quieto y lleva tus rodillas hacia el pecho tan cerca cómo te sea posible. Baja tus rodillas y repite.

Elevaciones de piernas colgadas

Las elevaciones de piernas colgadas son una Buena forma de reforzar el *core* y se centran en tu recto abdominal o tableta de chocolate como popularmente se conoce. Empieza agarrando las barras y manteniéndote recto. Mantén tu *core* tensa, y empieza a acercar las piernas hacia la barra tanto como te sea posible. Después, suelta los pies y repite. Mantén tu cuerpo en ángulo recto cuando tus piernas se acerquen a la barra y mantén tu torso y piernas rectos. Mantén tu parte superior del cuerpo tan quieta como sea posible cuando realices este ejercicio.

Dominadas explosivas

Las dominadas explosivas entrenan tus dorsales, bíceps y antebrazos. Son como las dominadas, excepto porque en las dominadas explosivas, tu pecho sube por encima de la barra. Para ser capaz de realizarlas, las dominadas deben salirte de modo muy fácil. Empieza agarrando la barra, con los nudillos hacia delante y después levántate hasta el punto en el que tu pecho esté por encima de la barra, con los antebrazos en posición horizontal y después deja caer tu cuerpo y repite. Mantén tus piernas juntas y evita patear con ellas cuando te levantes.

Fondos rusos en paralelas

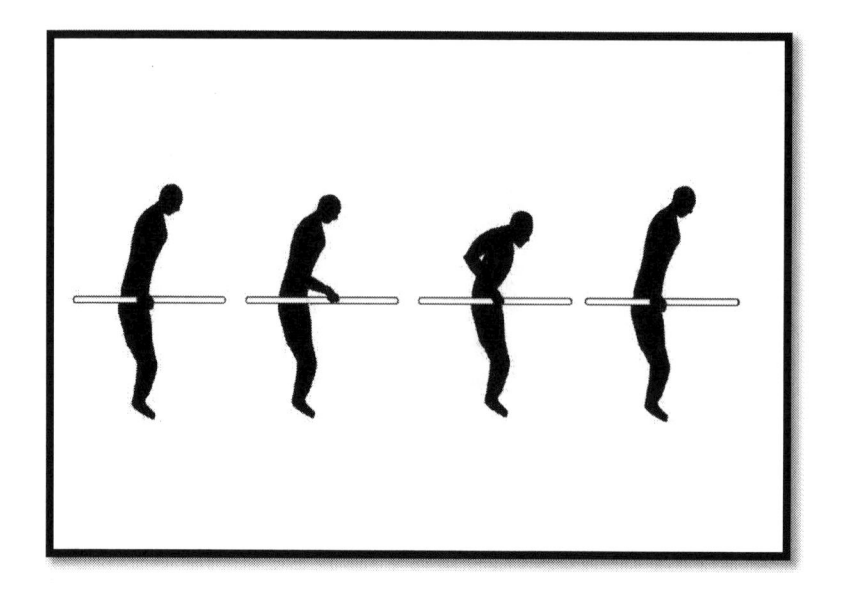

Los fondos rusos en paralelas se realizan en barras paralelas. Requieren mucha fuerza de brazo y algo de flexibilidad de muñeca. Son un buen ejercicio para tus hombros, tríceps y antebrazos. Empieza agarrando las barras paralelas, mantén tus piernas juntas y deja caer tu cuerpo lentamente. Pon los codos detrás de tu cuerpo y baja de manera que tus muñecas y brazos estén aguantando todo el peso de tu cuerpo. Después, levanta tus codos para quedarte en la posición básica de los fondos en paralelas (antebrazos en vertical) y finalmente, levanta el cuerpo y repite.

Dominadas de bombero

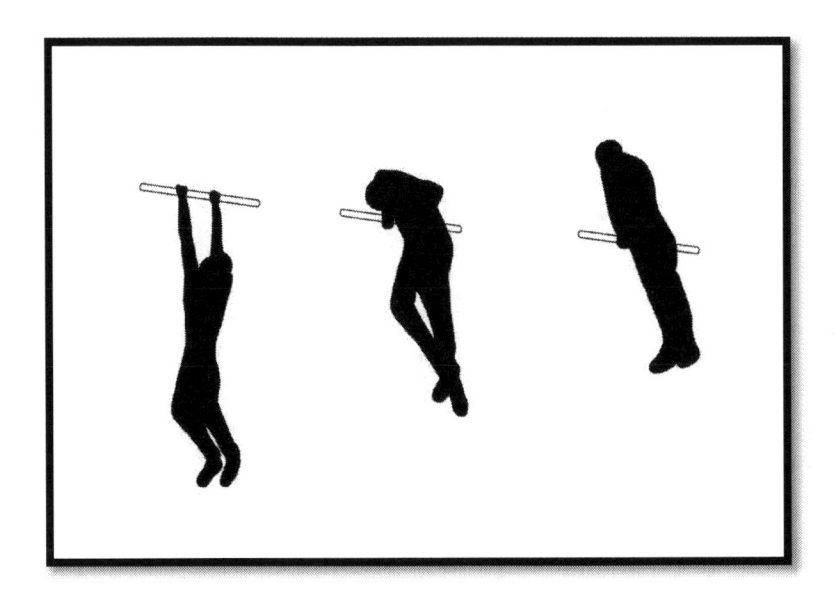

Las dominadas de bombero son un buen ejercicio para tu parte superior del cuerpo. Puedes realizarlas en barras o anillas. Se centran en tus bíceps, dorsales, tríceps y pecho. Es una especie de combinación entre dominadas explosivas y fondos. Para ser capaz de hacer estas dominadas, las dominadas explosivas y los fondos en paralelas deben ser muy fáciles para ti. Empieza posicionándote un poco frente a la barra, con tus hombros en línea con tus manos. Mueve el cuerpo un poco hacia delante y patea con tus rodillas cerca de tu pecho para conseguir impulso, levántate por detrás de la barra e inclínate hacia delante de modo que acabes sobre la barra. Ahora debería parecer como si estuvieras en la posición básica de los fondos con barra perpendicular (hombros y antebrazos a 90°), después simplemente haces el fondo, te dejas caer y repites.

Dominadas de arquero

Las dominadas de arquero son un buen ejercicio para tus dorsales y brazos. Empieza agarrando las barras del mismo modo que en las dominadas. Después levántate a lo largo de la barra hacia tu otro brazo tan cerca cómo te sea posible y luego, levántate diagonalmente y ve hacia tu otro brazo.

Dominadas con Isométrico en L y flexiones con Isométrico en L en barra horizontal   Las flexiones con isométrico en L son un buen ejercicio para ejercitar tus dorsales, bíceps, hombros y *core*, todos al mismo tiempo. Empieza agarrando las barras y levantando tus pies en posición horizontal mirando hacia delante. Levántate hasta el punto en el que tu barbilla esté por encima de la barra. Baja y repite.

Las flexiones con isométrico en L en barra horizontal se centran especialmente en tu *core* y bíceps, pero también ejercitan tus dorsales. Empieza agarrando las barras, con las palmas de las manos mirando hacia ti. Realiza un isométrico en L y levanta tu cuerpo. Cerciórate de que tu barbilla se encuentra por encima de la barra y baja. Repite.

Sentadillas a una pierna

Las sentadillas a una pierna requieren algo de equilibrio pero son un buen ejercicio para tus piernas. Ejercitan tus glúteos, cuádriceps e isquiotibiales. Empieza levantando tu pie en el aire y baja tu torso hasta el punto en el que el pie que tienes sobre el suelo está en posición horizontal. Mantén tu pie del aire tan recto como te sea posible, espalda recta, levanta el cuerpo y repite.

Dominadas *front lever* encogidas

Las dominadas front lever encogidas entrenan tus músculos abdominales, pecho, dorsales, bíceps y hombros. Para poder realizarlo, tu *core* debe ser relativamente fuerte. Empieza agarrando las barras, levantando tu torso horizontalmente y manteniendo tus rodillas ligeramente dobladas, con la parte superior de las piernas mirando hacia arriba. Después, levanta tu cuerpo, bájalo y repite.

Dominadas *typewriter*

Las dominadas *typewriter* se centran en tus dorsales, bíceps y hombros. Su única diferencia con respect a las dominadas de arquero es que no te levantas cuando alternas las manos. Empieza agarrando las barras y levantándote a lo largo de la barra hacia tu otra mano tan cerca cómo te sea posible. Después levántate hacia la mano del otro lado y repite.

Extensiones de tríceps con peso corporal

Las extensiones de tríceps con peso corporal son una buena forma de ejercitar tus tríceps y deltoides. Se realizan en un banco o en una barra baja. Empieza desde la posición inicial de una flexión, manteniendo tus pies abajo y el cuerpo recto de la cabeza a los pies. Agarra la barra o banco y baja tu cuerpo hasta que tus antebrazos estén en vertical, con los codos mirando hacia abajo. Luego, levántate y repite.

Flexión con palmada en los muslos

La flexión con palmada en los muslos requiere una significativa cantidad de velocidad y coordinación. Es un buen ejercicio para la parte superior del cuerpo, que se centra en tu pecho, tríceps, abdominales, hombros, cuádriceps, espalda baja y flexores de la cadera. Empieza poniéndote en posición de flexión, con los pies hacia abajo, el cuerpo recto de la cabeza a los pies y baja tu cuerpo. Después, levántate y lleva tus rodillas cerca de tus manos, da la palmada en tus muslos y rápidamente coloca tus manos en el suelo y repite.

Flexiones del Superman volador

Las flexiones del Superman volador son excelentes para entrenar la parte superior del cuerpo. Se centran en tu pecho, abdominales, dorsales, hombros, espalda baja, espalda media y glúteos. Empieza poniéndote en posición de flexión. Mantén tus pies en el suelo, con la espalda recta y baja tu cuerpo. Después levántate y eleva tus brazos de modo que todo tu cuerpo se quede en posición horizontal, lleva tus manos al suelo de nuevo y repite.

Flexiones de lado a lado

Las flexiones de lado a lado son un muy buen ejercicio para progresar hacia las flexiones a una mano. Se centran en tu pecho, tríceps y hombros. Empieza con la posición inicial de una simple flexión, con la espalda recta y el cuerpo en línea recta de la cabeza a los pies. Después, trae tu pecho hacia tu brazo derecho y lleva la mayor parte de tu peso a tu mano derecha, bajando tu cuerpo al mismo tiempo. Levanta el cuerpo y tráelo a la posición inicial, y haz lo mismo con tu mano izquierda.

Dominadas con agarre en tándem

Las dominadas con agarre en tándem entrenan tus hombros, dorsales, bíceps y espalda. Empieza colocándote debajo de la barra y coloca tus manos en paralelo a la barra, una en frente y otra detrás de tu otra mano. Después, levanta el cuerpo hacia el otro lado, de modo que tu cuello se quede por debajo de la altura de la barra. Finalmente baja el cuerpo y alterna lados.

Limpia parabrisas

Los limpia parabrisas son ejercicios realizados sobre barra. Son excelentes para entrenar tus músculos abdominales, pero requieren de fuerza en la *core*. Empieza agarrando las barras, levantando la parte superior del cuerpo hacia arriba casi paralela al suelo. Después, levanta tus pies en vertical, manteniéndolos juntos y rota tus pies de un lado al otro. Intenta mantener la parte superior de tu cuerpo tan quieta como te sea posible.

Pseudo-flexiones

Las pseudo-flexiones se centran en tu tríceps, pecho y hombros. Empieza colocándote en la posición inicial de una flexión normal, pies sobre el suelo, cuerpo en línea recta de la cabeza a los pies. Pon tus manos a los lados, con los dedos mirando hacia los lados. Mantén tus codos cerca del cuerpo, bájate y levántate.

Fondos en paralelas coreanos

Los fondos en paralelas coreanos son como los fondos en paralelas sobre barra perpendicular pero al revés. Son un buen ejercicio para entrenar hombros, tríceps y pecho. La manera más fácil de realizarlo es buscar una barra o cualquier otro objeto horizontal de la altura de tu pelvis. Empieza colocándote en frente de la barra, con la cabeza mirando más allá de ella. Agarra la barra manteniendo tus brazos rectos. Baja tu cuerpo hasta el punto en el que tus caderas se encuentren debajo de la barra, con los hombros y antebrazos creando un ángulo de 90° y levanta el cuerpo.

Flexiones Spiderman

Las flexiones Spiderman entrenan tu tríceps y pecho. Empieza poniéndote en la posición inicial de una flexión normal. Mantén tus pies juntos y rectos. Baja tu cuerpo hacia el suelo como en una flexión normal y levanta tu pie derecho y hasta tocar el codo con la rodilla. Trae tu pie derecho a su posición inicial y alterna lados durante las repeticiones.

Flexión en cruz

Las flexiones en cruz se centran en tus hombros, abdominales, tríceps, pecho, y espalda baja. Empieza poniéndote en la posición inicial de una flexión normal, pies rectos, cuerpo en línea recta de la cabeza a los pies. Coloca tus brazos a los lados tan lejos del tronco como te sea posible, de modo que tus dedos apunten hacia los lados. Usando solamente tus dedos, baja tu cuerpo y levántalo de nuevo.

Plancha plegada

La plancha plegada es un buen ejercicio para entrenar hombros, pero también entrena tus bíceps, dorsales, *core* y pecho. Empieza acostándote con tus rodillas en el suelo. Pon tus brazos sobre el suelo y mantenlos rectos. Inclina tu cuerpo hacia delante, bloquea tus brazos y trae tus rodillas hacia tus codos. Aguanta la posición tanto como puedas.

Flexión con pausa

La flexión con pausa es una manera simple de entrenar tu pecho y tus tríceps. Producen mucha tensión especialmente en el pecho. Empieza con la posición inicial de una flexión básica, con las manos por debajo de tus hombros, los pies rectos y el cuerpo en línea recta. Baja como en las flexiones normales, pero en vez de levantarte en seguida, aguanta la posición tanto como puedas.

Flexiones en T

Las flexiones en T son una buena manera de crear tensión extra en tus hombros. Se centran en tu pecho, tríceps, hombros, bíceps, trapecios, espalda media y abdominales. Empieza realizando una flexión normal, mantén tu cuerpo en línea recta, pies rectos y baja tu cuerpo hacia el suelo. Después levanta el cuerpo, levanta tu otra mano hacia arriba y rota el cuerpo hacia un lado, deberías estar en posición de plancha abdominal lateral, si no fuera porque tu otra mano está apuntando al techo. Pon tu mano de nuevo sobre el suelo y alterna manos durante las repeticiones.

Flexiones con burpees

Las flexiones con burpees son una buena manera de que los atletas intermedios quemen grasa, pero también de que entrenen su tríceps y pecho. Son un ejercicio aeróbico, por lo que deben realizarse rápidamente. Empieza colocándote de pie con la postura bien recta, baja tu cuerpo a posición de sentadilla, pon tus manos en el suelo y "lanza" tus piernas hacia detrás de ti. Realiza una flexión normal, "lanza" tus pies de nuevo a la posición sentadilla, salta y eleva los brazos hacia el aire. Haz el ejercicio durante por lo menos 30 segundos para mantener tu ritmo cardiaco alto y estimular la quema de grasa.

La libélula

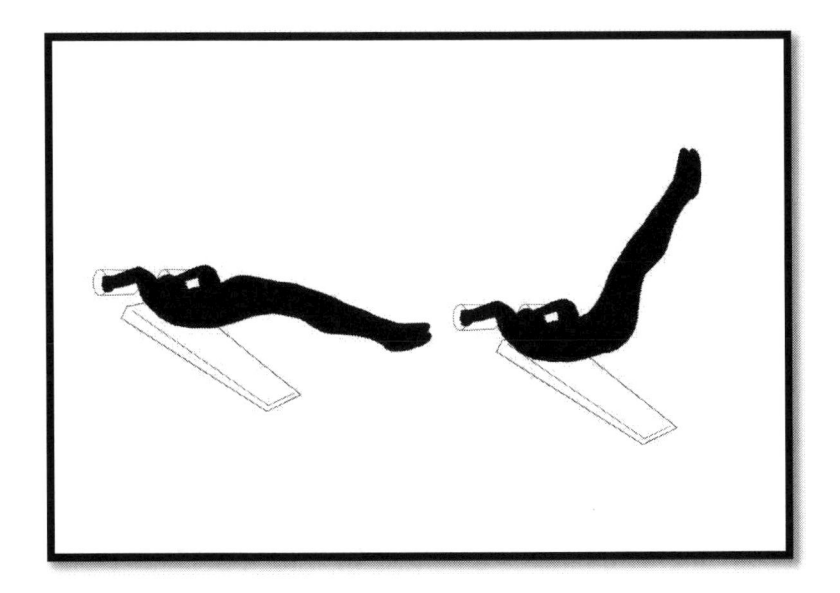

La libélula es un buen ejercicio para entrenar tus músculos abdominales. Se realizan usualmente en un banco y requieren un poco de fuerza en el *core*. Empieza acostándote en el banco. Agarra la parte trasera del mismo con tus manos, mantén tu *core* quieta y trae tus pies hacia el pecho acercándolos a este último tanto cómo te sea posible. Baja tus pies y repite.

Dominadas con toque de pie

Las dominadas con toque de pie son buenas para dar algo de estilo libre a tus rutinas. Se centran en tus bíceps, flexores de la muñeca y dorsales. Empieza agarrando las barras y realiza una dominada explosiva (el pecho va por encima de la barra). Una vez tu pecho esté por encima de la barra, patea con tus pies rectos y rápidamente lleva tus manos sobre la barra hacia tus pies. Con rapidez, trae tus manos de vuelta y agarra la barra. Repite.

Dominadas por detrás de la cabeza

Las dominadas por detrás de la cabeza se centran en tus bíceps, espalda baja y espalda media. Empieza agarrando las barras y levantándote como en las dominadas normales. Mantén tus piernas juntas y el cuerpo lo más quieto posible. Pon tu cabeza frente a la barra, con el cuello ligeramente por encima de la misma. Baja tu cuerpo y repite.

Dominadas *headbanger*

Las dominadas *headbanger* se centran en tus hombros, antebrazos, dorsales y bíceps. Empieza agarrando las barras y levantándote como en una dominada normal. Sube tu barbilla por encima de la barra y empieza a balancear tu cuerpo hacia atrás y hacia delante. Usa solamente tus manos y mantén tu cuerpo lo más quieto posible.

Sentadillas búlgaras

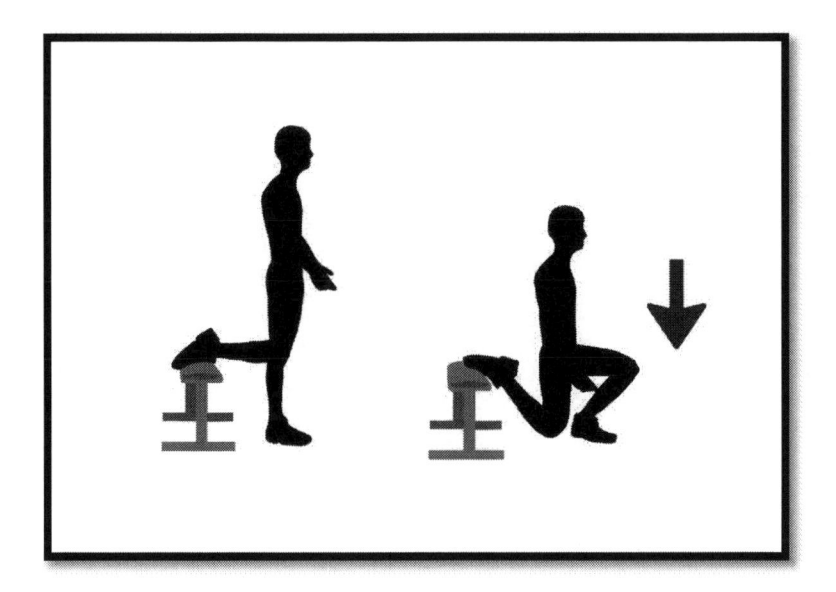

Las sentadillas búlgaras se realizan normalmente en un banco. Generan mucha tensión en la parte superior de las piernas. Empieza colocándote frente al banco, sin darle la cara. Con un pie en el banco, mantén tu espalda recta y baja tu cuerpo usando solamente el pie que te resta sobre el suelo. Empuja tu cuerpo hacia arriba, manteniendo el pie del banco en su sitio y realiza otra repetición. Alterna piernas entre las series.

Aguante en V

El aguante en V requiere un buen equilibrio. Es un gran ejercicio para entrenar tus abdominales. Empieza sentándote en el suelo, levanta tu parte superior del cuerpo y eleva los pies con un ángulo de 45º desde el suelo. Mantén tu espalda y pies rectos y pon tus manos por debajo de las rodillas. Aguanta la posición tanto como puedas.

Salto de sentadilla

Los saltos de sentadilla son una buena manera de practicar algo de cardio en tu entrenamiento de piernas. Se centran en tus glúteos y parte superior de las piernas. Empieza realizando una sentadilla normal, mantén tu espalda recta y baja tu cuerpo hasta el punto en el que tus piernas forman un ángulo recto. Después salta y repite.

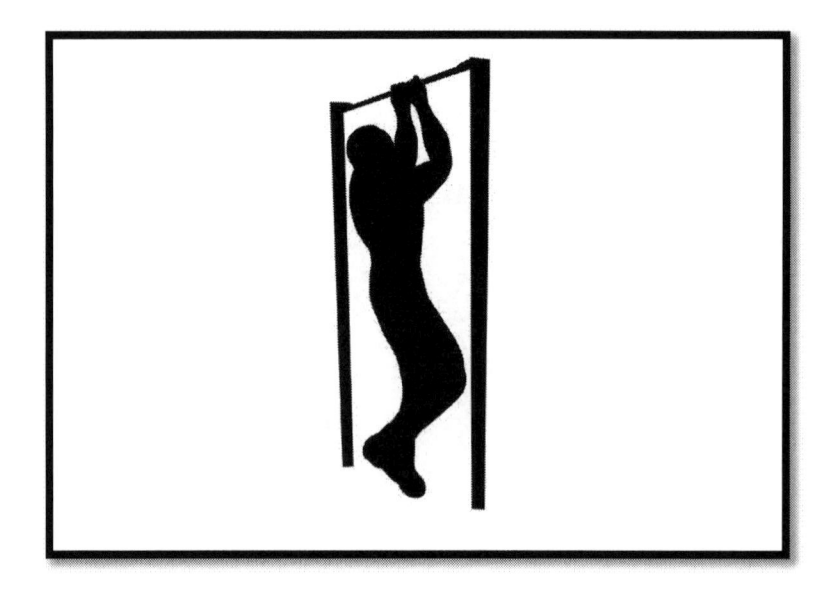

Flexiones de agarre cerrado en barra horizontal

Las flexiones de agarre cerrado en barra horizontal se centran especialmente en tus bíceps, pero entrenan también tus dorsales. Empieza agarrando las barras y coloca tus manos tan cerca cómo te sea posible la una de la otra. Mantén tus pies juntos y levántate hasta el punto en el que tu barbilla esté por encima de la barra. Baja tu cuerpo y repite.

Flexiones pliométricas

Las flexiones pliométricas entrenan tus hombros, pecho, antebrazos, tríceps y espalda media. Empieza realizando una flexión normal, mantén tus piernas rectas y el cuerpo en línea recta. Baja tu cuerpo hacia el suelo y levanta tu torso, manteniendo tus piernas sobre el suelo. Repite.

Flexiones *walk-out*

Las flexiones *walk-out* se centran en tu tríceps, pecho, espalda media y hombros. Empieza realizando una flexión normal, pies rectos, cuerpo en línea recta. Baja tu cuerpo y levántalo de nuevo. Después, "camina" con tus manos hacia tus rodillas y una vez tus codos toquen tus rodillas, "camina" hacia la posición inicial usando tus manos y repite.

Plancha abdominal sobre pared

La plancha abdominal sobre pared es una variación difícil de la plancha abdominal básica. Entrena tus abdominales, hombros, tríceps y parte superior de las piernas. Empieza adoptando la postura de una plancha abdominal básica, con los brazos rectos y el cuerpo en línea recta, pero pon tus pies contra la pared. Bloquea tus brazos y aguanta la posición tanto como puedas.

Flexiones en barra horizontal de agarre ancho

Las flexiones en barra horizontal de agarre ancho se centran más en tus dorsales, pero también se centran en tus bíceps. Empieza agarrando las barras, separando las manos al menos a la distancia que existe entre tus hombros, con las palmas mirando hacia ti. Mantén tus rodillas juntas, levanta tu cuerpo y cerciórate de que tu barbilla se encuentra por encima de la barra. Baja el cuerpo y repite.

Saltos con pliegue

Los saltos con pliegue son un modo simple y efectivo de entrenar tus piernas. Se centran especialmente en tus isquiotibiales. Empieza colocándote de pie recto sobre el suelo, salta tanto como puedas y trae tus rodillas de modo paralelo. Agarra tus rodillas rápidamente con tus manos y vuelve a la posición inicial. Repite.

Pliegues de rodilla explosivos

Los pliegues de rodilla explosivos son un buen modo de quemar grasa, pero también sirven para entrenar tus abdominales. Empieza poniendo las manos sobre el suelo y mantén las piernas rectas detrás de ti. Mantén tu espalda recta y rápidamente levanta tus rodillas hasta acercarlas a tus codos. Lanza las piernas en línea recta por detrás de ti y repite. Hazlas por al menos 30 segundos para estimular la quema de grasa.

Flexiones Kuki

Las flexiones Kuki son una de las flexiones más difíciles de hacer en calistenia. Requieren velocidad y coordinación extremas. Son una Buena forma de ejercitar tu tríceps, hombros, pecho y abdominales. Empieza poniéndote en posición de flexión, con pies en el suelo y espalda recta y baja tu cuerpo. Levántalo tanto como puedas y da una palmada con tus manos por detrás de tu espalda. Coloca tus manos de nuevo en el suelo y repite

Flexiones verticales

Las flexiones verticales son una manera extrema de ejercitar tus hombros y tríceps. Pueden realizarse contra la pared o sin ningún apoyo. Las flexiones verticales requieren equilibrio en extremo si se realizan sin apoyo alguno. Empieza haciendo el pino, mantén tu cuerpo en línea recta y baja tu torso hacia el suelo, casi hasta el punto en el que tu cabeza toque el suelo. Después, levanta el cuerpo y repite.

Flexiones en plancha

Las flexiones en plancha pueden realizarse en barras paralelas o sobre el suelo. Se centran en tu pecho, tríceps y abdominales. Requieren mucha fuerza en el *core*, así como equilibrio. Empieza poniéndote en posición de flexión, con los pies en el suelo y la espalda recta. Después, eleva los pies en línea con tu torso, de modo que todo tu peso corporal se concentre en tus manos. Baja el cuerpo y levántalo de nuevo. Repite.

Front lever o palanca frontal

El *front lever* se realiza con barra o anillas. Es un buen ejercicio para ejercitar tus hombros, romboides, dorsales, tríceps, pectorales inferiores y músculos abdominales. Requieren mucha fuerza en el *core*. Empieza agarrando las barras, levanta tus pies y baja el torso por detrás de la barra, de modo que tu cuerpo esté en posición horizontal y en línea recta. Aguanta la posición tanto tiempo como puedas.

Back lever o palanca trasera

El *back lever* se realiza con barra o anillas. Se centra en tus bíceps, deltoides, pectorales, flexores de las muñecas, glúteos, isquiotibiales y pantorrillas. Empieza agarrando las barras y eleva tus rodillas hasta el pecho. Después, trae tus rodillas hasta detrás tu cabeza entre tus manos, de modo que tu cara esté mirando hacia abajo. Extiende tus piernas hacia atrás, manteniendo el cuerpo paralelo al suelo, y aguanta la posición tanto como puedas.

Bandera humana

La bandera humana puede realizarse en cualquier objeto vertical. Se centra en tus dorsales, deltoides y oblicuos. Requiere mucha fuerza en el *core*. Empieza colocándote de pie al lado del objeto vertical. Coloca tu mano en la parte baja del objeto y la otra mano en la parte alta. Tu mano superior debería de estar al menos a 6 pulgadas de tu cabeza. Tus manos debería hacer un ángulo de al menos 90° para que puedas realizar el ejercicio. Bloquea tu brazo inferior y levanta tus pies en el aire, manteniendo tu cuerpo en línea recta. Aguanta la posición tanto como puedas.

Flexiones a una mano

Las flexiones a una mano requieren mucha fuerza en el brazo. Es un buen ejercicio para tu pecho, tríceps, hombros y trapecios. Empieza poniendo una mano en el suelo, otra detrás de la espalda, mantén las piernas abiertas ampliamente y baja y levanta tu cuerpo.
Alterna manos y repite.

Dominadas *front lever* o de palanca frontal

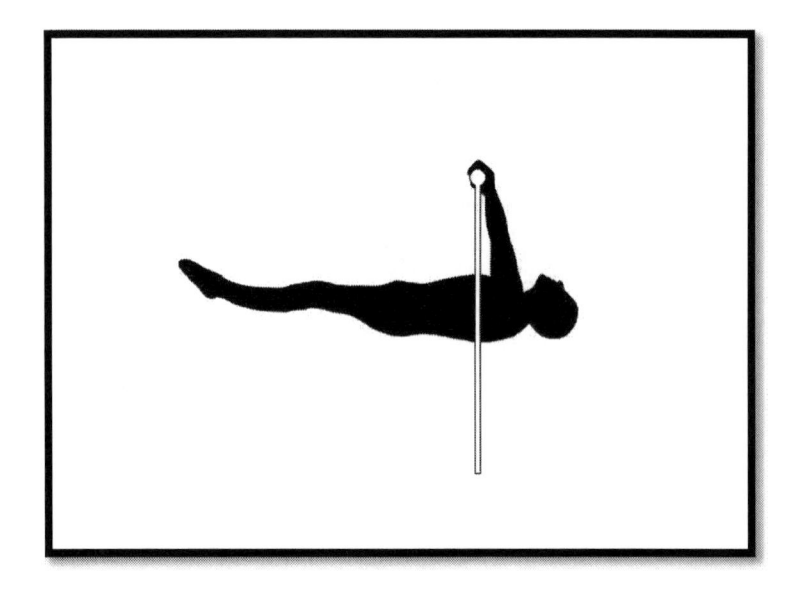

Las dominadas *front lever* o de palanca frontal constituyen unas de las dominadas más difíciles de la calistenia. Son excelentes como ejercicio para todo el cuerpo y se centran en tus hombros, pecho, dorsales, músculos abdominales, romboides, tríceps, flexores de las muñecas y en tu parte superior de las piernas. Requiere una increíble fuerza en el *core*. Empieza realizando un *front lever* normal (manos verticales en la barra, con tu cuerpo paralelo al suelo) y levanta tu cuerpo. Bájalo y repite

Elevaciones de piernas colgadas a una mano

Las elevaciones de piernas colgadas a una mano

Se realizan en la barra y son una forma explosiva de entrenar tus músculos abdominales. Empieza colocándote de pie debajo de la barra y agárrala con tu mano dominante. Mantén tu parte superior del cuerpo quieta y levanta tus pies hacia la barra acercándolos tanto como te sea posible. Tráelos de vuelta y repite.

Dominadas de bombero X en barra

Las dominadas de bombero X en barra son una de las variaciones más difíciles de las dominadas de bombero. Se centran en los mismos músculos que las dominadas de bombero normales, lo que incluye tus bíceps, dorsales, tríceps y pecho, pero en las dominadas de bombero X con barra tus manos harán la mayor parte del trabajo. Empieza colocándote frente a la barra, cruza los brazos haciendo una "x", y agarra la barra. Después, balancéate con tu cuerpo hacia delante, lanza las rodillas hacia tu pecho para conseguir impulso y levántate detrás de la barra. En ese proceso, inclínate hacia delante para acabar por encima de la barra. Debería parecer que estás en la posición básica de un fondo (antebrazos y hombros creando un ángulo recto), y después simplemente levanta el cuerpo. Te dejas caer y repite.

Dominadas de bombero lentas

Las dominadas de bombero lentas entrenan los mismos músculos que las dominadas de bombero normales, lo que incluye tus dorsales, bíceps, tríceps, y pecho, pero producen mucha más tensión en los músculos, porque se realizan a poca velocidad y no logras obtener el impulso necesario para ayudarte a subir. Empieza agarrando las barras, posicionándote de pie delante de las mismas. Lentamente, levántate por detrás de la barra e inclina tu cuerpo hacia delante, de manera que acabes por encima de la misma. Debería parecer que estás en la posición de los fondos (manos y hombros en un ángulo de 90º grados). Después, poco a poco levanta el cuerpo y bájalo a la posición inicial. Repite.

Flexiones en barra horizontal a una mano

Las flexiones en barra horizontal a una mano son una manera explosiva de entrenar tus bíceps y dorsales. Requieren muchísima fuerza en el brazo. Empieza agarrando las barras con solo un brazo. Mantén tu cuerpo lo más quieto posible y levántate hasta el punto en el que tu barbilla esté por encima de la barra. Baja tu cuerpo y repite con el otro brazo.

Dominadas a una mano

Las dominadas a una mano son buenas para entrenar tus dorsales, bíceps y hombros. Requieren muchísima fuerza en el brazo. Empieza colocándote de pie debajo de la barra, y agárrala con tu mano dominante. Mantén tu cuerpo as lo más quieto posible y levántate usando solamente una mano. Asegúrate de que tu barbilla llegue a posicionarse por encima de la barra, baja y alterna manos.

Pino a una mano

El pino a una mano entrena tu tríceps, trapecio, dorsales, y hombros. Requieren mucho equilibrio y fuerza en el brazo. Además, el pino normal debe de salirte de modo muy sencillo. Empieza realizando el pino normal. Lleva todo el peso de tu cuerpo a tu mano dominante, y levanta tu otra mano. Intenta mantener tu mano dominante debajo del centro de gravedad de tu cuerpo y aguanta la posición tanto como puedas.

Dominadas limpias

Las dominadas de bombero limpias se centran en tus dorsales, bíceps, tríceps y pecho. En las dominadas de bombero limpias no usas ningún impulso para ayudarte a subir, de modo que tus manos harán la mayor parte del trabajo. Empieza colocándote de pie frente a la barra. Agarra la barra y levántate por detrás de la misma, manteniendo tu cuerpo lo más quieto posible. Inclínate hacia delante de modo que acabes por encima de la barra, y levanta el cuerpo de la posición de fondos. Te dejas caer a la posición inicial y repites.

Dominadas con palmada trasera

Las dominadas con palmada trasera son buenas para darle un poco de estilo libre a tus rutinas. Requieren mucha coordinación. Empieza agarrando las barras, y colocándote de pie algo por delante de ellas. Lleva tu cuerpo hacia delante y lanza las rodillas hacia el pecho, al mismo tiempo que te levantas por detrás de la barra. Inclínate hacia delante de modo que acabes por encima de la barra, y empuja tu cuerpo hacia el aire desde una posición de fondos. Da una palmada con tus manos por detrás de la espalda mientras estás en el aire y rápidamente agárrate a la barra y repite.

Pino a codos

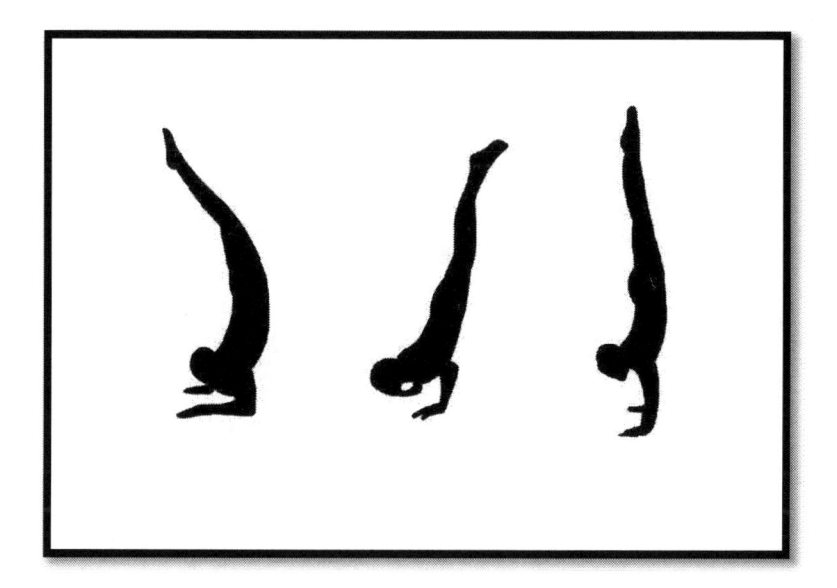

El pino a codos se centra en tus hombros, tríceps y espalda media y baja. Requieren equilibrio en extreme y el pino normal tiene que suponerte un ejercicio muy fácil.

Empieza realizando el pino normal, baja tu cuerpo hasta el punto en el que tu cabeza casi toca el suelo, con los antebrazos y hombros formando un ángulo recto. Traslada el peso de tu cuerpo hacia atrás, de modo que tus codos caerán al suelo, aguanta la posición por unos momentos y levanta tus codos desde el suelo a su posición inicial. Levanta el cuerpo y repite.

Flexiones de Muay-thai

Las flexiones de Muay-thai son una manera excelente de incrementar tanto velocidad como coordinación. Se centran en tu pecho, tríceps, hombros y abdominales. Empieza realizando una flexión normal, mantén tu cuerpo en línea recta y bájalo. Después, mantén tus piernas sobre el suelo y empuja tu torso al aire. Da una palmada con tus manos por detrás de tu espalda, después tráelas a la frente, da una palmada y ponlas de nuevo sobre el suelo.

Flexiones con palmas a una mano

Las flexiones con palmas a una mano llevan las flexiones a una mano a otro nivel. Empieza poniéndote en la posición inicial de las flexiones a una mano. Mantén tu cuerpo en línea recta, baja y empuja tu torso hacia el aire. Trae tu otra mano desde detrás de tu espalda y da una palmada chocándola con la mano que acabas de utilizar para impulsar tu cuerpo hacia el aire. Alterna manos durante las series.

Triple flexión con palmadas

La triple flexión con palmadas son el examen definitivo para comprobar tu coordinación y velocidad. Ejercitan tu pecho, hombros y tríceps. Empieza realizando una flexión normal, mantén tu cuerpo en línea recta y baja hacia el suelo. Mantén tus pies abajo y empuja el torso hacia el aire. Da una palmada con tus manos y da otra por detrás de la espalda. Da otra palmada mientras las traes de nuevo hacia delante y rápidamente pon tus manos en el suelo.

Flexiones Lalanne

Las flexiones Lalanne constituyen una de las variaciones de flexión más difíciles de realizar en la calistenia. Requieren una increíble fuerza en el *core*. Las flexiones Lalanne se centran especialmente en tu *core* y espalda media y baja. Empieza acostándote en el suelo, pon tus manos tan cerca cómo te sea posible la una de la otra y asegúrate de que solo tus dedos tocan el suelo. Mantén tus piernas abiertas con una amplitud ligeramente más amplia que la del espacio entre tus hombros y levanta la parte superior del cuerpo por encima del suelo, usando solamente tu *core*. Baja el cuerpo y repite.

Dominadas de bombero de agarre ancho

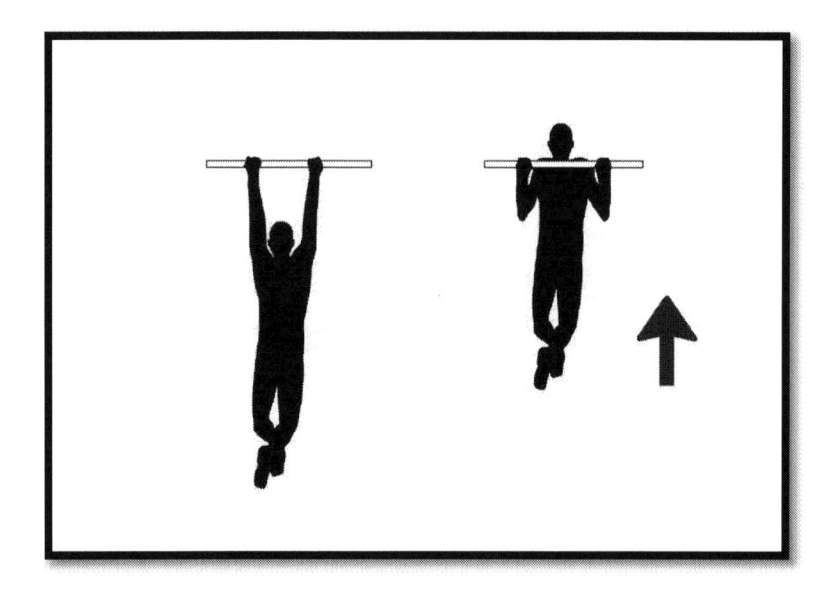

Las dominadas de bombero de agarre ancho se centran más en tus hombros y pecho, pero también sirven para entrenar tus dorsales, tríceps y flexores de las muñecas. Empieza agarrando las barras, poniendo tus manos a una distancia la una de la otra al menos más amplia que la que existe entre tus hombros. Inclina el cuerpo hacia delante, lanza las rodillas hacia el pecho y levántate por detrás de la barra. Inclínate hacia delante de manera que acabes por encima de la barra a una posición de fondos (manos y hombros en ángulo recto) y levanta el cuerpo. Te dejas caer y repites.

Capítulo 4

Manténgase Motivado

"El secreto de cambiar es enfocar toda tu energía no en la lucha contra lo viejo, sino en la construcción de lo nuevo." Sócrates

El compromiso y la motivación son cruciales para su éxito. No hay días de relajación en el camino hacia el éxito. Resulta que la clave para una dieta exitosa no es sólo lo que come o cuánto ejercicio hace -es su actitud.

Un atleta exitoso entiende que no va a alcanzar sus metas de inmediato. Roma no se construyó en un día y tampoco usted alcanzará su objetivo en un día. Sea persistente, los resultados duraderos son un proceso lento y es muy fácil darse por vencido antes de llegar a su meta. Con las herramientas psicológicas adecuadas sus posibilidades de éxito se pueden lograr.

Motivación

Usted tiene esa fuerza dentro para alcanzar su meta, sin importar los obstáculos que encuentre, nada le detendrá.

Con cada paso que está más cerca de su meta de su motivación aumenta más y más, usted lo quiere de verdad.

Las personas que tienen una pasión por lo que hacen lo harán más rápido, ya que disfrutarán de todo el esfuerzo que deben hacer. Cuando tienen un conjunto claro de objetivos es más fácil mantener la concentración y la motivación.

Para alcanzar los niveles de motivación máximos, es importante centrarse en por qué la adversidad debe ser enfrentada, ¿cuáles son los objetivos y cuáles son los beneficios de superar esta adversidad?

Como mencionamos en nuestros capítulos anteriores cuanto más claros y más simples sean los objetivos, los pasos para llegar a estos son más fáciles y la motivación es entonces evidente.

La auto-motivación viene de lo más profundo de nuestro ser, es el deseo de luchar por la grandeza.

Compromiso

El compromiso es la capacidad de controlar los deseos y comportamientos. Es el ser capaz de rechazar el placer inmediato y la gratificación instantánea para lograr metas significativas a largo plazo.

El compromiso es algo más que las horas que usted trabaja. Es la disciplina de dejar de lado otros placeres y centrarse duro en su propia mejora. Se trata de trabajar duro y centrarse. Se trata de no aceptar otra cosa distinta, saber en su corazón cuando algo no es lo suficientemente bueno y puede y debe ser mejor.

No podrá lograr ningún éxito personal o meta sin compromiso. Es el rasgo más importante para lograr la excelencia atlética, los méritos personales o cualquier triunfo sobresaliente.

Pasado un cierto punto, sólo usted puede ofrecer esa intensidad de voluntad.

Perseverancia

Para tener éxito hay que ser persistente. Después de ajustar sus metas y saber a dónde quiere ir, haga todo lo posible para llegar allí.

Habrá días en los que usted puede sentir el deseo de rendirse, recuerde que es fuerte y tendrá éxito en el final. Vaya siempre hacia adelante sin importar lo pequeños que sus pasos pueden parecer.

No puede renunciar no importa lo difícil que parece. Al perder la esperanza debe levantarse de nuevo e intentarlo otra vez.

Si está determinad a convertirse en su mejor versión no hay nada que pueda detenerlo.

Positividad

¿Siente que está en la mejor forma posible todos los días? Por supuesto que no. ¿Siempre resulta fácil ser positivo? No. Usted es humano como todos los demás y tiene que afrontar retos cada día.

La diferencia es que los individuos positivos reconocen que sus pensamientos influyen en su comportamiento y han aprendido a controlar sus pensamientos. Las personas positivas saben que la fuerza mental para ser positivo puede ser entrenada.

La positividad puede tener un enorme impacto en el nivel de rendimiento de un atleta. Desarrollar una mentalidad positiva puede llevarle a ser un atleta resistente que continuamente se esfuerza por mejorar.

Es importante también estar rodeado de positivismo. Los miembros del equipo, amigos y entrenadores también deben tener la mentalidad correcta. Se necesita un atleta muy decidido y mentalmente fuerte para seguir siendo positivo cuando está rodeado de negatividad. Por otro lado, si un atleta se sumerge en un ambiente positivo, puede lograr resultados aún mejores.

Con la mentalidad correcta cualquier cosa se puede lograr.

Gratitud

"No es la felicidad la que nos trae gratitud. Es la gratitud la que nos trae la felicidad. "Desconocido

En un mundo donde la mayoría no valoran lo que tienen, la gratitud ha sufrido una lenta erosión. Esperan tener un techo sobre su cabeza, ropa en su espalda y entrenadores a su entera disposición en todo momento. Bastante consentidos, pero todavía hay esperanza. No importa cuál sea la situación, siempre hay algo por lo que debe estar agradecido.

Cuanto más agradecido esté con lo que tiene, más feliz y en paz estará. Cuanto más feliz sea, todo será mejor en sus relaciones, trabajo y rendimiento.

Pero ¿cómo podemos aprender a estar agradecidos? No puede ser algo forzado, ya que no tendría sentido. La gratitud funciona como un músculo. Tómese el tiempo de identificar la buena fortuna, y los sentimientos de agradecimiento pueden aumentar. Por otra parte, los que están más agradecidos ganan más de sus esfuerzos.

La gratitud no debe ser algo que vemos una vez al año, en un día de fiesta, sino una actividad diaria constante. Un ejercicio que creo que es maravilloso sería preguntarse al menos una vez al día, ¿por qué estoy agradecido hoy?

Confíe en mí, tiene mucho por lo que agradecer, empezando por los conocimientos que están adquiriendo con este libro y lo afortunado que es al ser capaz de mantenerse en forma y saludable.

Los resultados le sorprenderán. Los estudios han encontrado que después de sólo tres semanas, los atletas tienen una mejor actitud hacia el trabajo, son más felices, mejoran su rendimiento físico y están más satisfechos con la vida.

Crea en sí mismo

Las creencias de un individuo se basan en su personalidad, las relaciones y las experiencias que ha tenido a lo largo de su vida. Estas han moldeado el carácter de la persona y sus creencias. Las creencias están muy adentro en el núcleo interno y debido a esto son difíciles de modificar, pero se pueden cambiar trabajando duro.

La creencia que los atletas de élite tienen en sí mismos parece tan natural que es fácil creer que es sólo algo con lo que nacieron o que apareció después de todo su éxito.

Crea en sí mismo y sus habilidades y usted tendrá éxito.

Capítulo 5

Recetas Paleo

"Usted no tiene que cocinar obras maestras o laboriosas– solo buena comida con ingredientes frescos." Julia Child

Estas son algunas de mis recetas favoritas que estoy compartiendo con ustedes, siéntanse libres para adaptar y ampliar estas recetas con otros alimentos paleo. Sean creativos con sus comidas, mezclen y combinen los alimentos. Piensen en sus comidas favoritas y cámbienlas en algo bueno. Prueben nuevos alimentos que nunca hayan probado antes, puede que se sorprendan.

La naturaleza nos ofrece tanta variedad de texturas, sabores y colores, somos extremadamente afortunados de poder disfrutar de todo ello.

En este capítulo encontrará un total de 50 recetas: 10 para el desayuno, 10 para el almuerzo, 10 para la cena, 10 para la merienda y 10 para el postre.

¡Espero que disfrute de todas ellas!

Desayunos

1. Ensalada de frutas vestidas con menta y miel

(8 porciones)

Ingredientes

- 4 tazas de sandía cortadas en dados
- 2 tazas de fresas frescas
- 2 naranjas grandes cortadas en dados
- 1 taza de uvas sin semillas cortadas por la mitad
- 1 manzana grande cortada en dados
- 1 melocotón cortado en dados
- Jugo de limón fresco (cantidad al gusto)
- ¼ taza de hojas de menta fresca
- 1 cucharada de ralladura de limón
- 1 cucharada de miel

Instrucciones

Coloque todas las frutas en un recipiente grande.

En un tazón pequeño, batir el jugo de limón, hojas de menta, la ralladura de limón y miel. Agregar como se desee sobre la fruta y mezclar.

Refrigere 1 hora antes de servir.

2. Deliciosas y Saludables Panquecas con Banana y Nuez

(Aproximadamente 12 porciones dependiendo del tamaño de la panqueca)

Ingredientes

- 6 bananas grandes y maduras
- 1 cucharada de aceite de coco
- 6 huevos
- 1 cucharadita de aceite de coco
- 2 cucharadas de extracto de vainilla
- ½ cucharadita de bicarbonato de sodio
- 1 cucharadita de canela molida
- ½ taza de nueces

Instrucciones

Calentar 1 cucharadita de aceite de coco en una sartén a fuego medio. En un recipiente aparte, triturar las bananas, a medida que estén uniformes, puede comenzar a mezclar los huevos, el extracto de vainilla, el aceite de coco, el bicarbonato de sodio y las nueces. Una vez que la mezcla se combine bien, puede cocinar en la sartén, cocine hasta que los bordes estén secos y formen burbujas. Esto puede tardar alrededor de 3-4 minutos. Voltear y repetir en el otro lado.

Una vez que se cocinen, puede espolvorear un poco de canela, más nueces, o algunas frutas frescas como fresas o arándanos.

3. Batido de proteínas con Banana y Fresas
(1-2 Porciones)

Ingredientes

- 1 banana grande congelada
- 1 taza de fresas congeladas
- 1 taza de leche de almendras
- 1 cucharada de proteína de vainilla en polvo
- ½ cucharada de extracto de vainilla
- 1 cucharada de semillas de chía

Instrucciones

Colocar todos los ingredientes en la licuadora. Licuar. Disfrute!

4. Omelet Verde
3-4 Porciones

Ingredientes
- 1 taza de col rizada
- 1 taza de espinacas
- ½ taza de brócoli
- ½ taza de hongos frescos
- 8 huevos
- ½ cucharadita de aceite de coco

Instrucciones

Comienza por calentar la sartén a medio y alto fuego con el aceite de coco.
Picar la col rizada, espinacas, brócoli y hongos en pedazos pequeños. En otro tazón bata los huevos hasta tener una mezcla uniforme. Coloca las verduras en la sartén e inmediatamente los huevos. Deja cocinar hasta que los huevos no se muevan más. Esto llevará alrededor de 8 minutos. Puede espolvorear con un poco de sal o pimienta si lo desea.

5. Aguacate con Huevos al Horno
2 porciones

Ingredientes

- 1 aguacate cortado por la mitad y sin hueso.
- 2 huevos
- 25 gramos de prosciutto (jamón)
- 1 cucharada de albahaca

Instrucciones

Precalentar el horno a 425 grados Fahrenheit o 220 grados Celsius. Colocar las mitades del aguacate en un molde para hornear, asegurarse de que estén mirando hacia arriba.

Abrir un huevo y colocar en el interior del aguacate, repetir el proceso con la segunda mitad del aguacate.

Con cuidado, colocar el plato para hornear en el horno y dejar cocinar durante 15 minutos.

Retirar del horno y decorar con el jamón y la albahaca.

6. Smoothie Verde
1-2 porciones

Ingredientes

- ½ taza de leche de almendras
- ½ taza de fresas
- 1 taza llena de espinacas
- 1 banana grande
- ½ aguacate
- ½ copa de hielo (si le gusta frío)

Instrucciones

Colocar todos los ingredientes en la licuadora. Licuar. Disfrute!

7. Muffins de Almendras
4 porciones

Ingredientes

- 1 taza de harina de almendras blanqueadas
- 2 huevos grandes
- 1 cucharada de miel
- ¼ cucharadita de bicarbonato de sodio
- ½ cucharadita de vinagre de sidra de manazana
- Pasas, arándanos, polvo de almendras (Opcional)

Instrucciones

Precalentar el horno a 350 grados Fahrenheit. En un tazón, mezclar la harina de almendras y el bicarbonato de sodio. En otro tazón combinar los huevos, la miel y el vinagre. Mezclar suavemente los ingredientes secos en un tazón húmedo, removiendo hasta que se mezclen bien. Puede mezclar con polvo de almendras, arándanos o pasas.

Colocar la mezcla en un molde para muffins y hornear 15 minutos o hasta que esté ligeramente marrón por los bordes. Dejar enfriar durante 15 minutos antes de servir.

8. Smoothie Encendido
1-2 porciones

Ingredientes
- 1 Aguacate pelado y picado
- ½ banana fresca y congelada
- 1 melocotón fresco
- ½ taza de col rizada
- 1 taza de leche de coco

Instrucciones

Colocar todos los ingredientes en la licuadora. Licuar. Disfrute!

9. Bocados Rápidos de Banana
1 porción

Ingredientes

- 1 banana grande
- 4 cucharadas de mantequilla de almendras

Instrucciones

Pelar y cortar la banana en la misma cantidad de rodajas de unos 0,5 pulgadas de grosor. Extender una cantidad deseada de mantequilla de almendra en cada rebanada. Coloque juntas 2 rodajas como un sándwich.
Puede colocar las rebanadas en el congelador durante 10 minutos o comer de inmediato.

10. Bayas con Crema
2 Porciones

Ingredientes

- 2 tazas de mezcla de bayas frescas (moras, fresas, arándanos o frambuesas)
- 1 lata de leche de coco
- 1 cucharada de miel

Instrucciones

Colocar la lata de leche de coco durante un mínimo de 5 horas o toda la noche en el refrigerador. Al abrir la lata con la cuchara, saque la crema de leche que ha llegado a la cima del recipiente. Colocar en un bol y batir hasta que quede esponjoso.

Extender la crema por la parte superior de las bayas. Esparcir suavemente la miel por encima. No dude en añadir un poco de menta para decorar.

Almuerzos

1. Almejas Españolas Paleo
2-3 Porciones

Ingredientes

- 2 libras de almejas lavadas
- 1 taza de cilantro fresco finamente picado
- 1 diente de ajo finamente picado
- 1 cucharada de limón
- ¼ taza aceite de coco
- ½ taza de vino blanco
- Sal al gusto
- ½ taza de agua

Instrucciones

Asegurar de lavar las almejas en agua fría para eliminar cualquier sal o sedimento restante. Colocar el agua, el aceite, el vino y el ajo en una olla y deje hervir. Añadir las almejas y cilantro. Revuelva con frecuencia durante 5-10 minutos. Las almejas estaran listas cuando las conchas se abran y la carne esté tierna y firme. Servir inmediatamente.

2. Cordero Asado
3-4 Porciones

Ingredientes

- 1 libra de cordero para estofado en cubos (tacos).
- 4 tomates en cubos (tacos).
- 1 cebolla picada
- 2 dientes de ajo
- 2 tazas de champiñones
- 3 zanahorias peladas y cortadas
- 2 cucharadas de romero
- 2 tazas de agua
- Sal y pimienta al gusto

Instrucciones

Precalentar el horno a 325 grados Fahrenheit. En una fuente para horno colocar los tomates, champiñones, zanahorias, cebollas y ajo. Añadir el cordero, el romero, el agua, la sal y la pimienta.

Mezclar bien y colocar en el horno durante aproximadamente 2 horas, revolviendo cada 30 a 40 minutos. Cuando el cordero esté muy tierno y de un color marrón claro, está listo para ser servido.

3. Pollo a la Parrilla con Limón y Romero
1-2 Porciones

Ingredientes

- 1 libra de pechuga de pollo sin hueso
- 2 cucharadas de aceite de oliva
- ¼ taza de jugo de limón
- 1 diente de ajo finamente cortado
- 1 cuacharada de romero finamente picado
- Sal al gusto

Instrucciones

En un tazón pequeño combine el jugo de limón, aceite de oliva, romero y sal. Coloque el pollo en una fuente para hornear. Verter el adobo sobre el pollo, tapar y refrigerar desde 20 minutos a 6 horas. Calentar la parrilla y cocinar el pollo 7-8 minutos por cada lado o hasta que esté dorado y cocido en el centro. Servir inmediatamente.

4. Delicia de Bacalao Mediterráneo
4-6 Porciones

Ingredientes

- 1 ½ libras de bacalao
- ½ harina de bacalao blanqueada
- 5 cucharadas de aceite de oliva
- 5 cucharadas de aceite de semillas de uvas
- 1/2 taza de agua
- ¼ taza de jugo de limón
- ¼ taza de alcaparras en salmuera
- ¼ taza de perejil picado

Instrucciones

Cortar el bacalao en 4 trozos. Mezclar la harina y la sal en un plato aparte. Cubra cada trozo de bacalao con la mezcla de harina y la sal, hasta que estén bien cubiertos. Calentar el aceite de oliva y sólo 2 cucharadas de aceite de semilla de uva en una sartén grande a medio fuego. Añadir los trozos de bacalao y cocine hasta que se dore, 3-4 minutos por cada lado. Trasladar la sartén y la cubierta para mantener el calor. Agregue el agua, el jugo de limón y las alcaparras a la sartén y deje hervir. Añadir el aceite de semilla de uva restante y mezcle. Servir el bacalao en un plato y vierta la salsa ligeramente por encima y polvorear con perejil.

5. Bife de Lomo Salteado
4-6 Porciones

Ingredientes

- 2 libras de bife de lomo
- ½ taza de cebollas
- ½ taza de hongos
- ½ taza de col rizada
- ½ taza de zanahorias
- 1 diente de ajo finamente picado
- ½ taza de tomates
- ½ taza de calabacín
- ½ taza de calabaza amarrilla
- 1 cucharada de aceite de semilla de uva

Instrucciones

Cortar la carne en cubos (tacos). Coloque sal y pimienta si lo desea. Coloque ½ cucharada de aceite de semilla de uva en la sartén a medio fuego. Coloque la carne y cocinar hasta que esté dorada. Retire del fuego y colocar todas las verduras en la sartén con media cucharada de aceite de semilla de uva durante 3-4 minutos. Mezclar la carne con las verduras durante 1 minuto en la sartén a fuego lento. Retirar del fuego y dejar 5 minutos para que la carne absorba todos los jugos y servir.

6. Berenjena y Salchicha Salteada
4-6 Porciones

Ingredientes

- 2 berenjenas grandes picadas
- 4 patatas dulces en cubos
- 3 chalotas finamente picadas
- ½ taza de aceite de oliva
- 6 salchichas italianas

Instrucciones

Precalentar el horno a 400 grados Fahrenheit. Colocar todos los ingredientes en una fuente de horno y mezclar bien. Hornear durante 30 minutos hasta que la salchicha se cocina y la berenjena se dore. Retirar del horno y servir caliente.

7. Sopa de Pollo
3-4 Porciones

Ingredientes

- 6 tazas de agua
- 4 muslos de pollo sin piel
- ½ cebolla finamente picada
- ½ taza de zanahorias en cubos
- ½ taza de col
- ½ taza de brócoli
- ½ taza de calabacín
- Sal al gusto

Instrucciones

Colocar el agua en una cacerola para que comience a hervir. Tan pronto como el agua hierve, agregar el pollo, cebollas, zanahorias, col rizada, brócoli y calabacín. Añadir sal si lo deseas.

Hervir durante 30 minutos. Dejar enfriar 5 minutos antes de servir.

8. Salmon Salvaje con Espinaca Fresca
4 Porciones

Ingredientes

- 4 filetes de salmón salvajes
- 3 cucharadas de aceite de oliva
- ¼ taza de jugo de limón
- 1 diente de ajo finamente picado
- 1 cucharadita de eneldo finamente picado
- 3 tazas de espinacas frescas

Instrucciones

Calentar en la sartén con el aceite de oliva a medio fuego. Combinar el jugo de limón, el ajo y el eneldo en un tazón. Agregue esta combinación en los filetes de salmón. Colocar los filetes en la sartén y cocine hasta que se doren por ambos lados. Una vez que el salmón esté cocido, agregar la espinaca, cocinar no más de 1-2 minutos, hasta que las hojas tengan un color verde brillante. Retirar del fuego y sirva inmediatamente.

9. Enrollado de Atún
2 Porciones

Ingredientes

- 1 lata de atún blanco
- 1 aguacate maduro
- 1 cebollín (cebolleta) finamente picado
- 2 hojas grandes de lechuga
- ½ taza de champiñones crudos finamente picados

Instrucciones

En un tazón triture el aguacate hasta que tenga una consistencia cremosa. Añadir el atún, los champiñones y el cebollín. Mezcle todo junto. En una hoja grande de lechuga, colocar una cucharada de la mezcla y enrolle. Repetir el proceso con la segunda hoja.

10. Pasta con calabaza
4 Porciones

Ingredientes

- 4 calabazas amarrillas medianas
- 1 cucharada de aceite de oliva
- ¼ taza de nueces de pino
- Sal y pimienta al gusto

Instrucciones

Utilizar un pelador en juliana para cortar la calabaza en fideos. Parar cuando llegue a las semillas. Calentar el aceite de oliva en una sartén, colocar los fideos de calabaza y saltear a fuego medio durante 3-4 minutos.
Añadir sal y pimienta si lo desea. Coloque las nueces en la aparte de arriba.

Cenas

1. Arroz de Coliflor con Camarones
2-3 Porciones

Ingredientes

- 1 Coliflor grande
- ½ cebolla finamente picada
- 1 diente de ajo finamente picado
- 1 cucharada de aceite de coco
- Sal y pimienta al gusto
- 1 lb. de camarones pelados y lavados

Instrucciones

Quitar las hojas y el tallo de la coliflor. Rallar el resto de la cabeza de la coliflor hasta que se parezca a la forma de arroz.
Añadir el aceite de coco a la sartén y poner a fuego medio. Coloque el camarón, cebolla y el ajo hasta que esté ligeramente marrón y el camarón esté completamente cocido. Añadir en la coliflor rallada, sal y pimienta y revuelva hasta que esté caliente. Servir inmediatamente.

2. Salmón al Horno con Espárragos
4 porciones

Ingredientes

- 4 filetes de salmón salvaje
- 1 limón en rodajas
- 1 diente de ajo finamente picado
- ½ taza de eneldo fresco
- 16 ramas de espárragos
- Sal y pimienta al gusto
- 2 cucharadas de aceite de oliva

Instrucciones

Precalentar el horno a 350 grados Fahrenheit. En una bandeja para horno preparar 4 hojas de aluminio de tamaño mediano, estas deben ser lo suficientemente grandes para colocar el salmón. Colocar el salmón en cada papel de aluminio, colocar sal y pimienta si lo desea. Polvorear ½ cucharada en cada salmón, frotar con ajo y eneldo. Colocar 1 rebanada de limón en cada lámina. Cerrar el papel aluminio y llevar al horno por 30 minutos. Retirar del horno, dejar enfriar por 5 minutos. En una hoja aparte colocar los espárragos durante 5 minutos en el horno con sal, pimienta y una ligera cantidad de aceite de oliva. Servir los dos juntos inmediatamente.

3. Puré de Coliflor
3-4 porciones

Ingredientes

- 1 cabeza de coliflor
- ¼ taza de leche de almendras
- ½ diente de ajo finamente picado
- Sal y pimienta al gusto
- 4 tazas de agua
- ¼ taza de perejil

Instrucciones

Hervir el agua con sal en la olla. Añadir la coliflor y hervir hasta que esté tierno. Eliminar el agua y triturar la coliflor. Añadir la leche de almendras, ajo y mezcle. Dejar que se cocine a fuego lento durante 3 minutos. Cubra con perejil. Puede servir esto con carne, pollo o pescado.

4. Camarones con Ajo
4-6 Porciones

Ingredientes

- ½ taza de aceite de oliva
- 5 dientes de ajo en rodajas finas
- 1 lb. camarón crudo pelado y desvenado
- ½ cucharada de paprika
- ¼ cucharada de hojuelas de pimienta roja (si le gusta picante)

Instrucciones

Calentar el aceite de oliva en una sartén a fuego lento o medio. Agregue el ajo y sofría por 3 minutos, revolviendo con frecuencia. Agregar los camarones, sal y pimienta. Aumentar la temperatura a media-alta.
Cocinar durante 4 minutos por cada lado. Sirva caliente.

5. Calabacín a la Boloñesa
2-3 porciones

Ingredientes

- 1 libra de carne molida
- 3 calabacines medianos
- ½ cebolla finamente picada
- 3 tomates maduros en cubos
- 5 hojas de laurel
- ½ cucharada de aceite de oliva
- Sal y pimienta al gusto

Instrucciones

Utilizar un pelador en juliana para cortar el calabacín en fideos. Parar cuando llegue a las semillas. En una sartén poner el aceite de oliva y el fuego de medio a alto. Añadir la cebolla por 2 minutos y añadir la carne molida. Añadir sal y pimienta si lo desea. En una cacerola aparte, colocar los 3 tomates con las hojas de laurel a fuego alto. Cocinar por 5 minutos. Una vez que la carne molida esté bien cocida, de 8-10 minutos, añadir la salsa de tomate y el calabacín. Mezclar todos los ingredientes y retirar del fuego. Servir inmediatamente.

6. Pollo con Aceitunas
3-4 Porciones

Ingredientes

- 3 pechugas de pollo sin hueso y sin piel.
- 2 cucharadas de aceitunas
- 1 taza de caldo de pollo
- Sal al gusto

Instrucciones

Calentar el aceite de oliva en una sartén a fuego medio. Colocar el pollo y saltee hasta que se doren por ambos lados. Añadir el caldo y las aceitunas. Deje que se cocine durante otros 7-8 minutos, dependiendo del grosor del pollo. Colocar el pollo en el plato de servir. Deje el caldo y las aceitunas a fuego alto hasta que espese 3-4 minutos. Colocar la mezcla en el pollo. Servir inmediatamente.

7. Hamburguesas de Pavo y Lechuga
Porciones para 4 hamburguesas

Ingredientes

- 1 libra de pavo molido
- ¼ taza de cebolla finamente picada
- Sal y pimienta al gusto
- 1 cucharada de aceite de coco
- 4 hojas grandes de lechuga

Instrucciones

En un tazón grande mezclar el pavo, la sal, la pimienta y la cebolla con un tenedor. Con esta mezcla hacer 4 hamburguesas. Colocar una sartén a fuego medio-alto y agregar el aceite de coco. Cocine las hamburguesas hasta que se dore por ambos lados, el tiempo depende de la duración deseada.

Sacar de la sartén y dejar enfriar durante 5 minutos. Envolver cada hamburguesa con una hoja grande de lechuga.

8. Tiras de Lomo
2-3 Porciones

Ingredientes

- 1 cebolla picada
- 2 tazas de col o espinaca finamente picada
- 1 calabacín picado en estilo juliana
- 1 calabaza en rodajas tipo juliana
- 1 lb. bistec de lomo cortado
- 1 cucharada de aceite de coco
- Sal al gusto.

Instrucciones

Colocar en una sartén a fuego medio-alto y agregue el aceite de coco. Añadir la carne y la cebolla a la sartén. Cocine hasta que se dore durante unos 5-6 minutos. Agregar la espinaca o la col rizada, la calabaza y el calabacín. Revolver constantemente durante 2-3 minutos. Sirva caliente.

9. Filete Prehistórico
2 porciones

Ingredientes

- 2 rebanadas de filete de lomo de 1" de grosor
- 1 cucharadita de ajo picado
- Sal y pimienta al gusto
- 1 cucharada de aceite de coco
- ½ taza de perejil finamente picado

Instrucciones

Precalentar el asador a fuego alto. En otro tazón mezcle la sal, pimienta, aceite de coco, el ajo y el perejil. Colocar los filetes en el asador y colocar en ambos lados de la carne, la mezcla del tazón. Asar por 8 minutos, voltear los filetes y cocinar por otros 5 minutos.

Retirar del asador y cubrir durante 5 minutos. Servir con las verduras de su elección.

10. Ensalada Arcoíris
3-4 Porciones

Ingredientes

- 2 tazas de mezcla de verduras (espinacas, col rizada, lechuga)
- 1 taza de brócoli
- 1 taza de coliflor
- ½ taza repollo morado
- ½ taza de pimiento rojo
- ½ taza de rodajas de manzana roja
- 12 tomates cherry
- 1 cucharada de jugo de limón
- 1 cucharada de aceite de oliva
- ¼ taza de nueces

Instrucciones

Picar el pimiento y la col en pequeños trozos. También cortar el brócoli y la coliflor en pequeños ramilletes. En una ensaladera combinar todos los ingredientes y mezcle con el jugo de limón y aceite de oliva. Agregar a la ensalada, las rodajas de manzana y las nueces.

Snacks

1. Smoothie Dulce y Almendrado
1-2 Porciones

Ingredientes

- 1 taza de leche de almendras
- ½ taza de espinacas
- ½ banana
- 1 taza de fresas
- 3 cucharadas de mantequilla de almendras

Instrucciones

Colocar todos los ingredientes en una licuadora. Licue. Disfrute!

2. Bolas de Pavo
4-6 Porciones

Ingredientes

- 1 libra de pavo molido
- ½ cebolla finamente picado
- 1 diente de ajo finamente picado
- ½ taza de perejil finamente picado
- ½ espinaca o col finamente picado
- Sal y pimienta al gusto

Instrucciones

Precaliente el horno a 350 grados Fahrenheit. Poner todos los ingredientes en un tazón grande para mezclar y mezclar todo junto. Usando sus manos forman pequeñas bolas con la mezcla y colocar sobre una bandeja para hornear.

Hornee las bolas de pavo durante unos 20 minutos o hasta que estén ligeramente doradas. Deje que se enfríe durante 5 minutos y servir.

3. Rollos de Frutas
Porciones para 10 tiras

Ingredientes

- 2 manzanas finamente picadas
- 10 fresas finamente picadas
- 1 naranja en cubos
- 1 cucharadita de canela
- ¼ taza de agua
- 1 cucharadita de miel

Instrucciones

Añadir el agua en una olla y calentar hasta hervir. Añadir la fruta y reducir hasta fuego lento. Cocine hasta que la fruta esté suave y el agua se haya reducido. Mezclar la canela y la miel. Transferir la fruta a una licuadora y licúe hasta que quede suave. Si necesita más dulzura, puede agregar más miel .

Precaliente el horno a 250 grados Fahrenheit. Alisar la mezcla de frutas sobre una bandeja para hornear forrada con papel de hornear. Extienda uniformemente para cubrir toda la superficie. Hornear durante 8 horas. Dejar que se enfríe completamente antes de despegar la fruta de la bandeja. Usted puede almacenar la fruta en un recipiente hermético hasta por 1 semana.

4. Hojuelas de Col

2-3 Porciones

Ingredientes

- 4 tazas de col rizada picada y lavada
- 2 cucharadas de aceite de oliva
- Sal al gusto

Instrucciones

Precaliente el horno a 300 grados Fahrenheit. Mezcle la col rizada con el aceite de oliva y sal. Extender sobre una bandeja de horno y hornear durante 12-15 minutos. Retirar del horno y dejar enfriar un poco antes de servir.

4. Papas Fritas Dulces al Horno
2-3 Porciones

Ingredientes

- 2 papas grandes y dulces cortadas finamente
- 2 cucharadas de aceite de coco
- 1 cucharaditas de romero
- Sal al gusto

Instrucciones

Precaliente el horno a 375 grados Fahrenheit. Mezcle las papas dulces con aceite de coco, el romero y la sal. Extender sobre una bandeja de horno y hornear durante 10 minutos y luego voltearlas y hornear por 10 minutos más.

5. Barra Energética
2-3 Porciones

Ingredientes

- 1 taza de almendras
- 1 taza de arándanos secos
- 1 taza de dátiles deshuesados
- 1 cucharada de copos de coco sin azúcar
- ¼ taza de hojuelas de chocolate oscuro pequeñas

Instrucciones

Combine todos los ingredientes en una licuadora o procesador de alimentos. Mezcle hasta que todos los ingredientes se reduzcan y se comiencen a agruparse. Colocar la mezcla en un trozo de papel de horno o una envoltura de plástico. Presione la mezcla y déjela envuelta durante 1 hora. Disfrute!

6. Higos con Jamón
3-4 Porciones

Ingredientes

- 6 higos negros
- 12 hojas de albahaca
- 12 rebanadas de jamón
- 1 cucharada de aceite de oliva
- 1 palillo

Instrucciones

Precaliente el horno a 375 grados Fahrenheit. En una bandeja para hornear con papel de hornear, unte con aceite de oliva. Cortar los higos a la mitad. Coloque una hoja de albahaca en el interior de cada higo, luego envolver con una rebanada de jamón. Asegure la rebanada de jamón con un palillo de dientes.

Hornear durante 10 minutos, girar a los 5 minutos. Sirva caliente.

7. Ceviche de Camarones
4 Porciones

Ingredientes

- 1 libra de camarones crudos pelados y limpios
- 3 cucharadas de aceite de oliva
- ½ taza de jugo de limón
- 1 taza de jugo de naranja
- 1 cebolla roja finamente rebanada
- 3 tomates en cubos
- ½ taza de cilantro
- Sal y pimienta al gusto
- 1 pasta de tomate orgánico
- 1 taza de agua

Instrucciones

Ponga agua a hervir en una cacerola, una vez que está hirviendo, agregar los camarones y cocine por 5 minutos. Retirar del fuego y dejar enfriar. En otro tazón mezcle el aceite de oliva, jugo de limón , jugo de naranja, cebolla roja, tomate, pasta de tomate y el agua. Mezclar bien hasta que todos los ingredientes estén bien combinados. Agregue los camarones. Para obtener los mejores resultados colocar los camarones en el refrigerador durante toda noche antes de servir.

8. Rodajas de Melón y Jamón
2 porciones

Ingredientes

- 1/4 de melón maduro pelado y en rodajas
- 50 gramos de prosciutto (jamón)
- Vinagre balsámico al gusto

Instrucciones

Cortar cada rebanada de jamón hasta que miden 1" a 2 " de ancho y mantener la longitud. Envuelva cada rodaja de melón con una lonja de jamón. Si lo desea puede agregar vinagre balsámico para darle más sabor.

9. Huevos al Horno en Hongos Portobello

2 Porciones

Ingredientes

- 2 huevos
- 2 hongos Portobello
- ½ cucharadita de aceite de oliva
- 1 panceta o jamón

Instrucciones

Precaliente el horno a 375 grados Fahrenheit. Limpiar los hongos y rallar los tallos lo suficientemente profundo para colocar el huevo. Frote los hongos con aceite de oliva. En el interior de los hongos, colocar ½ rebanada de jamón o panceta. Coloque los hongos en el plato para hornear. Abra con cuidado el huevo y colocar dentro de los hongos. Coloque en el horno durante 20 a 30 minutos, dependiendo de cómo le gusten los huevos. Servir inmediatamente.

10. Sushi de Banana
1-2 Porciones

Ingredientes

- 1 banana grande madura
- 3 cucharadas de mantequilla de almendras
- ½ cucharada de almendras picadas
- ½ cucharada de semillas de chía

Instrucciones

Pelar la banana y untar la mantequilla de almendras para que cubra sólo un lado de la banana. En el lado cubierto con mantequilla de almendras, polvorear las semillas de chía y las almendras picadas, presione suavemente en la mantequilla. Cortar la banana en varias rebanadas redondas y colocar en el congelador durante 1 hora antes de servir.

Postres

1. Brownie Crudos
4-5 porciones

Ingredientes

- 2 tazas de nueces
- 1 taza de dátiles deshuesados
- 1 cucharadita de vainilla
- 1/3 taza de cacao en polvo sin azúcar

Instrucciones

Mezclar las nueces en una licuadora o procesador de alimentos hasta que las nueces se trituren finamente. Añadir los dátiles, vainilla y cacao en polvo. Mezclar bien hasta que todo se combine. Añadir unas gotas de agua para conseguir que la mezcla permanezca junta. Transferir la mezcla a un recipiente aparte. Usando sus manos realice cubos pequeños. Disfrute! Puede guardar los brownies en el refrigerador por una semana.

2. Pastel de Chocolate en Taza
1 Porción

Ingredientes

- 1 cucharada de harina de almendras
- 1 cucharada de cacao en polvo sin azúcar
- 1 cucharada de leche de almendras
- 1 cucharada de miel
- 1 cucharadita de vainilla
- 1 huevo

Instrucciones

Combinar todos los ingredientes en una taza, mezclar bien y colocar en el microondas durante 1 a 1,5 minutos. Servir con bayas frescas, si se desea.

3. Nectarinas a la Parrilla con Crema de Coco

4 Porciones

Ingredientes

- 2 nectarinas medianas cortadas por la mitad y sin hueso
- 1 cucharadita de vainilla
- ¼ taza de nueces picadas
- 1 lata de leche de coco
- Canela al gusto

Instrucciones

En una parrilla de medio fuego a alto, coloque las nectarinas alrededor de 3-5 minutos cada lado, empezando con la parte cortada hacia abajo. Utilizar la crema de la parte superior de la lata de leche de coco y mezcle con la vainilla. Rociar la crema sobre cada nectarina. Cubrir con la canela y nueces si lo desea.

4. Helado de Banana y Fresas
3-4 Porciones

Ingredientes

- 3 bananas maduras peladas, troceadas y congeladas
- 2 cucharadas de miel
- ½ taza de leche de almendras
- 3 cucharadas de mantequilla de almendras
- ½ taza de fresas congeladas

Instrucciones

Colocar todos los ingredientes en la licuadora y mezcle suavemente hasta que alcance la consistencia deseada. Se puede servir con chocolate negro o almendras fileteadas.

5. Galletas de Chocolate
3-4 Porciones

Ingredientes

- 1 taza de nueces de macadamia
- 1 taza de dátiles sin hueso
- 1 cucharada de cacao

Instrucciones

Precalentar el horno a 350 grados Fahrenheit. Forrar una bandeja de horno con papel de hornear.
En una licuadora combinar todos los ingredientes y mezcle hasta que comienzan a juntarse. Utilizando sus manos realice pequeñas bolas con la mezcla, coloque las bolas en la bandeja de horno y aplástelas levemente. Hornear durante 10 minutos. Dejar enfriar completamente antes de servir

6. Pudding de Chocolate
2 Porciones

Ingredientes

- 1 aguacate maduro
- 3 cucharadas de cacao en polvo
- 4 cucharadas de miel
- 1 cucharadita de vainilla
- 3 cucharadas de leche de almendras

Instrucciones

Colocar todos los ingredientes en una licuadora o procesador de alimentos y mezcle hasta que la mezcla esté suave y cremosa. Colocar en un plato para servir en el refrigerador durante 30 minutos antes de comer.

7. Dulces de Mantequilla de Almendras
12 Porciones

Ingredientes

- 1 taza de mantequilla de almendras
- 1 cucharada de miel
- 1 cucharada de aceite de coco
- 1 taza de 70 % de chocolate negro

Instrucciones

Colocar la mantequilla de almendras, aceite y miel en una olla a fuego lento hasta que se derrita. Colocar una cucharada en un molde para hornear de mini panecillo. Colocar el chocolate negro en una sartén a fuego lento hasta que se derrita. Rociar el chocolate negro en la parte superior de la mantequilla de almendras. Colocar en el congelador durante 30 minutos, retirar del congelador y disfrute.

8. Macarrones de Coco
4 Porciones

Ingredientes

- ½ taza de aceite de coco
- ½ taza de mantequilla de coco
- 1 taza de coco rallado
- 3 cucharadas de miel

Instrucciones

Calentar el aceite de coco y la mantequilla a fuego muy lento, hasta que estén suaves. Retirar del fuego. Añadir la miel y mezclar bien. Añadir el coco rallado poco a poco hasta obtener la consistencia deseada. Hacer los macarrones en bolas pequeñas o en otra forma deseada y dejar que se enfríen. Disfrute!

9. Trufas de Chocolate
Porciones para 8 Trufas

Ingredientes

- 4 dátiles, sin hueso y reduce a la mitad
- ½ cucharadita de aceite de coco
- 8 mitades de nuez
- 1/3 de taza de 70 % de chocolate negro

Instrucciones

Fundir el chocolate en una olla con el aceite de coco a fuego muy ligero. Colocar las mitades de las nueces en cada una de las mitades de los dátiles. Sumergir los dátiles con las nueces dentro del chocolate negro. Dejar enfriar durante 15 minutos en el congelador antes de servir.

10. Mousse de cacao
4 Porciones

Ingredientes

- 5 cucharadas de cacao en polvo
- 3 cucharadas de miel
- 1 cucharadita de extracto de vainilla
- 2 latas refrigeradas de leche de coco

Instrucciones

Sacar la crema de la parte superior de ambas latas de leche de coco. Colocar en un bol y añadir el cacao, la vainilla y la miel. Comenzar a mezclar con una batidora eléctrica a velocidad media-alta hasta que los picos se empiezan a formar, a unos 5 minutos. Dividir la mezcla en tazones y refrigere hasta que esté listo para servir.

Made in the USA
San Bernardino,
CA